1870-71

UNE FAMILLE

PENDANT

LA GUERRE ET LA COMMUNE

LETTRES

PUBLIÉES PAR

ANDRÉ DELAROCHE-VERNET

PARIS

LIBRAIRIE PLON

PLON-NOURRIT ET Cie, IMPRIMEURS-ÉDITEURS

8, RUE GARANCIÈRE — 6e

1912

Il a été tiré de cet ouvrage :

1 exemplaire sur papier des manufactures impériales du Japon, numéroté I;
11 exemplaires sur papier de Hollande, numérotés de 2 à 12.

UNE FAMILLE

PENDANT

LA GUERRE ET LA COMMUNE

1870-71

UNE FAMILLE

PENDANT

LA GUERRE ET LA COMMUNE

LETTRES

PUBLIÉES PAR

ANDRÉ DELAROCHE-VERNET

PARIS

LIBRAIRIE PLON

PLON-NOURRIT ET Cie, IMPRIMEURS-ÉDITEURS

8, RUE GARANCIÈRE — 6e

1912

POUR MES FILS

Georges, Robert et Jacques DELAROCHE-VERNET

NOTE DE L'ÉDITEUR

M. Philippe-Grégoire Delaroche-Vernet (1841-1882), fils de Paul Delaroche, et petit-fils d'Horace Vernet, était, au moment de la déclaration de guerre, troisième secrétaire d'ambassade au ministère des affaires étrangères. Il était marié depuis 1863 à Mlle Marie Talbot (1842-1889), fille aînée de M. Eugène Talbot (1815-1894), professeur de rhétorique au lycée Bonaparte, et de Mme Talbot, née Sédille (1821-1897), et avait à cette époque deux fils : Horace, né en 1866, et André, né en 1869.

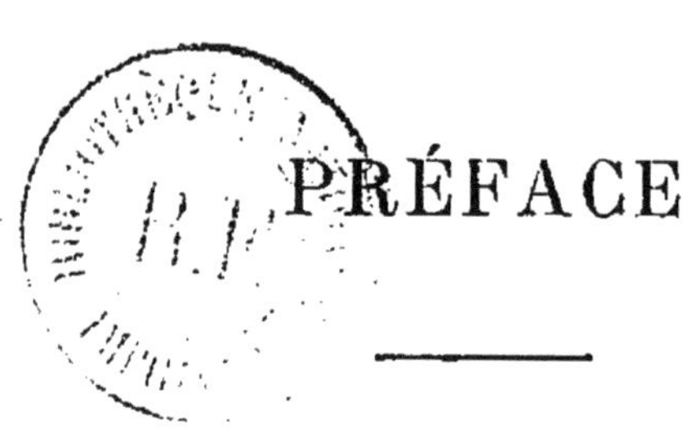

PRÉFACE

Il y a environ trente-cinq ans, Albert Sorel et d'autres amis de mes parents ayant dîné à la maison, l'on avait parlé de la guerre, des souvenirs de Tours et de Bordeaux, et, surtout, des souffrances endurées par ceux qui avaient subi le siège. Quelqu'un fit remarquer que si atroces qu'aient été les angoisses des Parisiens, elles n'étaient pas à comparer avec celles toutes morales supportées par eux au moment de la Commune.

Je crois voir encore ma mère, quittant son fauteuil, ouvrir un grand meuble contenant de nombreux paquets de lettres, en prendre un, et je crois l'entendre lire deux ou trois lettres de ma grand'mère, écrites pendant les journées de mai 1871, pendant qu'on se battait sous ses fenêtres, et donnant des détails sur Paris incendié.

Mes grands-parents étaient parmi les personnes présentes et complétaient verbalement les détails donnés par la correspondance.

Je fus frappé de l'émotion qui se peignait sur la figure de mes parents, de leurs amis qui revivaient des heures peu lointaines pour eux et légendaires pour moi.

Ma mère lut sans doute beaucoup d'autres lettres encore, mais, malgré mon grand désir de connaître la suite de ce que j'avais entendu, je n'en sus pas davantage à ce moment : j'étais très jeune, je dus me retirer.

Cette lecture m'avait beaucoup impressionné et le jour où, en deuil, j'ouvris le meuble où se trouvaient les fameuses lettres, et dont, hélas! mes frères et moi avions désormais la clef, ce fut avec un grand respect et une profonde émotion que j'en tirai le paquet contenant la correspondance de ma grand'mère.

Mon aïeule avait eu la douleur de survivre à sa fille. Nous lui remîmes donc ses lettres et, de nouveau, les récits des tristes journées de la

Commune allèrent dormir auprès d'autres correspondances de la famille.

Un jour, sept ans plus tard, peu avant sa mort, ma grand'mère me remit un paquet : « J'ai classé les lettres écrites par ton grand-père et par moi pendant la guerre et la Commune, me dit-elle ; j'y ai joint celles de vos parents. Lis-les, elles t'intéresseront. Je te les donne, tu en feras ce que tu voudras. » — Je les ai lues et relues, et peu à peu il m'est venu à l'idée que peut-être d'autres prendraient à les parcourir l'intérêt ému que j'y avais trouvé moi-même.

Dégagées de tout ce que contient de trop personnel une correspondance intime, ces lettres racontent simplement, presque au jour le jour, ce qui a été vu, ce qui a été pensé dans une famille de Parisiens placés, par les circonstances et par leur situation, dans des conditions leur permettant de voir quelquefois un peu plus nettement et un peu plus loin que d'autres.

Certes, il ne faut pas chercher dans ces lettres des faits historiques ignorés jusqu'ici ; on n'y trouvera rien ou à peu près rien qui ne soit connu de ceux qui ont étudié l'année terrible, mais ce qui est raconté a été vécu, senti, souffert par ceux qui ont écrit sous l'impression des malheurs qui étreignaient alors la France, et c'est de là que peut surgir l'intérêt, même pour des lecteurs n'ayant pas connu ma famille.

A. D.-V.

La Cheylane, avril 1912.

LA GUERRE

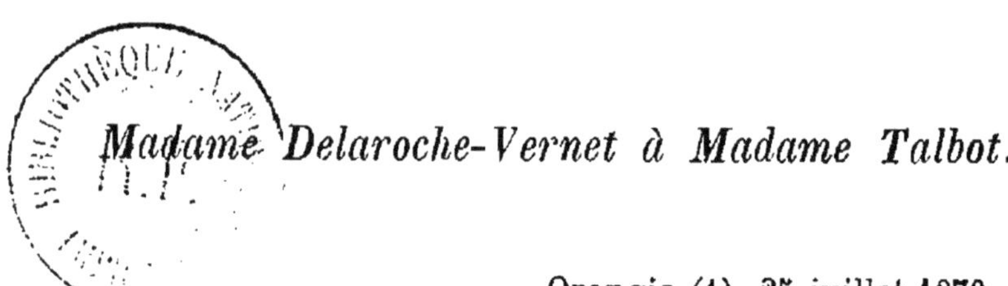

Madame Delaroche-Vernet à Madame Talbot.

Orangis (1), 25 juillet 1870.

Je n'entends plus parler de la guerre, le *Figaro* n'en dit presque rien, je vis dans le calme le plus complet.

Madame Delaroche-Vernet à Madame Talbot.

Orangis, 8 août 1870.

Nous voilà donc rentrés dans la vie calme d'Orangis (2); pour combien de temps? Si les Prussiens continuent, Philippe tient à ce que nous revenions à Paris; Orangis a été pillé et ravagé par eux, et on s'en souvient.

(1) M. et Mme Delaroche-Vernet étaient à Orangis les hôtes de Mme Philippe Lenoir, marraine de Mme Delaroche-Vernet.

(2) M. et Mme Delaroche-Vernet revenaient de Gorges (Loire-Inférieure), où ils avaient assisté au mariage de Mlle Aline Gatineau (dont il sera souvent question dans les lettres) avec le commandant Oscar Lecoq, professeur à l'école d'état-major.

Nous avons appris en gare de Nantes la défaite de Wissembourg; à Gorges, le facteur avait parlé de notre prétendue victoire dans des termes tels que nous n'y avions pas cru.

Hier matin, pendant que Philippe était au ministère, je suis allée à la messe et je me suis mêlée à un groupe au centre duquel on lisait l'*Officiel*. Vous devez l'avoir lu maintenant et tu comprends à quel point j'ai été atterrée! Le ton si douloureux de la proclamation, la convocation des Chambres, l'état de siège de Paris, notre défaite sérieuse et celles plus partielles, que de désastres! Il faut avoir vu l'aspect de Paris hier pour se rendre compte des choses. On parlait bas dans les rues, on n'entendait pas un chant, pas un cri, on s'abordait pour se demander l'*Officiel*. Louis, notre domestique, que nous avions envoyé le chercher, a été arrêté deux fois avec prière de le lire tout haut. Nous l'avons apporté ici et les Gomel (1) étaient dans une émotion indescriptible. Les deux fils (2) sont partis avec Philippe; le plus jeune doit revenir ce matin apporter des nouvelles. On va commencer à miner les ponts de chemin de fer autour de Paris. Sans aller aussi loin que Philippe et bien d'autres qui, tombant d'une certitude de victoire, ont à présent

(1) M. et Mme Gomel étaient voisins de campagne et amis de Mme Lenoir.

(2) MM. Charles et Fernand Gomel.

une réaction d'autant plus forte, si ces travaux s'exécutent, si on coupe toute communication avec Paris, j'y rentrerai immédiatement.

Je mettrai sans doute dans ce cas les enfants à Versailles (1), qu'on laisserait probablement communiquer avec Paris à cause des troupes et des forts et je resterais à Paris avec Philippe.

Je crois qu'il n'est pas trop tôt de prendre des dispositions pour les événements, les Prussiens étant sur notre territoire.

Madame Talbot à Madame Delaroche-Vernet.

Saint-Pair (2), 9 août 1870.

J'attendais ta lettre avec impatience. Elle nous a trouvés navrés des tristes nouvelles qui arrivent de toutes parts. Ce matin, cependant, celles d'Avranches nous annoncent que les Français ont soutenu hier un combat de dix heures contre les Prussiens, sans reculer, mais aussi sans les

(1) A Versailles habitait le frère aîné de M. Delaroche-Vernet, M. Horace Delaroche.

(2) M. et Mme Talbot passaient cette année-là leurs vacances à Saint-Pair avec leur seconde fille, Mlle Suzanne Talbot.

repousser (1). Après la défaite, j'allais dire la déroute de Wissembourg, c'est peut-être un succès; mais qu'il y a loin d'une grande victoire si nécessaire pour relever le courage de tous!

Votre projet de quitter Orangis me paraît prématuré, car les Prussiens sont encore loin de Paris et il me semble qu'il leur faudra bien du temps pour franchir les obstacles que le patriotisme français leur opposera.

C'est terrible d'être éloignés les uns des autres dans de pareils moments!

Toutes les nouvelles de Paris sont bien tristes. Pourvu que le changement fait dans le commandement (2) de l'armée donne une impulsion nouvelle et plus heureuse, et que la convocation des Chambres amène une entente bien désirable pour les mesures à prendre dans les circonstances si difficiles où nous nous trouvons! Il ne faut cependant pas désespérer et je trouve que c'est être coupable que de ne pas compter sur le courage, sur le dévouement et, je veux l'espérer, sur le succès de la France,

Tu me dis qu'Orangis garde le souvenir des Prussiens; mais maintenant ils arriveraient par

(1) Il s'agit de la première partie de la bataille de Frœschwiller (6 août), pendant laquelle les Français ont eu l'avantage.

(2) Le maréchal Bazaine venait d'être nommé par l'Empereur au commandement des 2e, 3e, 4e corps et de la Garde. Il devait devenir le 12 août général en chef de l'armée du Rhin.

un côté opposé : le chemin de fer de l'Est.

Ton père vient de partir pour Granville pour voir si les nouvelles de ce matin se confirment. On dit le général Frossard tué! Deux généraux déjà!

Monsieur Talbot à Monsieur Delaroche-Vernet.

Saint-Pair, 9 août 1870.

Quelle situation! et comme on a soif de nouvelles, de détails plus étendus que la brièveté sèche des dépêches!

Quel compte nos hommes soi-disant d'État et de guerre auront à régler avec la nation! Mais ce n'est pas le jour, ni l'heure des critiques. Espoir et confiance, mais surtout énergie et sang-froid, voilà ce qui peut sauver la France compromise.

Madame Delaroche-Vernet à Madame Talbot.

Orangis, 9 août 1870.

Vous devez savoir que la première loi votée jeudi sera l'enrôlement dans la mobile des hommes de vingt-cinq à trente ans. Comme on ne s'occupe dans ce corps ni des hommes mariés, ni des pères de famille, Philippe sera du premier convoi. La seule chose qui me fasse encore un peu espérer du répit est que, comme les mobiles actuels ne sont pas seulement équipés, il faudra du temps pour faire les uniformes des prochains partants.

Une lettre d'un collègue de Philippe qui est à Châlons, adressée collectivement au ministère, dit que l'incurie est révoltante. Depuis qu'ils sont au camp ils n'ont pas encore d'armes. Un autre écrit de Metz que tandis que les arsenaux contiennent 1 200 canons, on pense seulement depuis la veille à en placer sur les glacis. L'Empereur est ahuri et ne sait que dire : « On m'a trompé! » quand on pense qu'il a fallu quelques centaines de fous comme certains de nos amis que tu sais, pour nous mettre où nous en sommes! Je voudrais bien savoir si Ollivier a toujours le cœur aussi léger.

Un engagé chirurgien militaire, avec qui nous sommes venus dimanche, était dans une colère, une indignation qui se conçoivent! Ayant depuis quinze jours sa nomination, on lui répond, à lui et aux autres qui demandent à partir : « Vos uniformes ne sont pas prêts. » Et nous étions censés de quinze jours en avance sur les Prussiens!

Il paraît, d'après ce que nous a dit Philippe hier, que le corps de Mac-Mahon est complètement détruit, et je ne puis, du reste, te donner une meilleure idée de la confiance du pouvoir qu'en te disant que Philippe a eu entre les mains, hier, le passeport de Mme Dejean pour la Belgique (1).

Je ne sais pas ce que pensent les enragés guerriers; les gens sensés sont au désespoir, ne croient plus que difficilement à un succès, et parlent du cabinet dans des termes tels qu'il vaudrait mieux pour lui être loin d'eux.

On pense très généralement que l'Empereur a renvoyé son fils pour pouvoir se faire tuer au dernier engagement. C'est ce qu'il aura de mieux à faire, et nous remplacerons sans perte un gouvernement comme celui qui nous a mis où nous en sommes.

Je suis maintenant dans les plus calmes, je n'ai pas de suprise et je m'attendais à ce qui arrive. Je n'ai donc pas d'espérances trompées.

Monsieur Talbot à Monsieur Delaroche-Vernet.

Saint-Pair, 10 août 1870.

C'est un grand allégement pour ma femme et pour moi de savoir que vous n'êtes pas exposé à

(1) Mme Dejean était la femme du général Dejean qui suppléait le maréchal Lebœuf au ministère de la guerre.

partir. Non que nous doutions de votre courage résolu et de votre sentiment généreux du devoir; mais les cœurs de père et de mère sont moins braves que ceux de femme et de gendre. Nous songions à vous, à Marie, à vos enfants!

Merci mille fois des nouvelles que contient votre lettre (1). Les journaux les confirment, mais elles nous touchent plus venant de vous. Que va-t-il sortir de tout ceci?

Certes, nous nous plaisons à croire que la Prusse, à son tour, va être rudement secouée.

Notre armée doit frémir de venger sa défaite, fruit de l'aveuglement et de l'incapacité.

La terrible leçon qu'elle a reçue doit avoir au moins cet effet sur ses chefs de les rendre à la fois défiants et prudents. En tout cas, il nous faut une victoire. Cela fait, que va devenir la question intérieure? Elle se dresse avec menace... Mais n'y songeons pas pour l'instant. Nous sommes tout à la frontière, sur cette limite inviolable que nous avons laissé violer! M. Charton (2), qui a traversé de plus rudes épreuves que nous, ne peut pas s'arrêter à la pensée qu'on puisse voir les Prussiens s'y installer davantage. Dieu l'entende!...

(1) Cette lettre manque.

(2) M. Édouard Charton avait été secrétaire général au ministère de l'instruction publique, puis député de l'Yonne, au moment de la révolution de 1848.

Madame Talbot à Madame Delaroche-Vernet.

Saint-Pair, 10 août 1870.

Tu ne saurais te figurer comme ta lettre était attendue avec impatience et comme nous avons été heureux de la recevoir. Notre esprit est toujours à Paris, mais seulement à cause de vous, car les questions de ministère, de gouvernement sont peu importantes auprès des nouvelles de la guerre. Ici il nous arrive à chaque instant des nouvelles démenties peu de temps après, et les journaux eux-mêmes que nous lisons donnent des nouvelles contradictoires. Le *Journal officiel* ne contient rien, ou si peu de chose que sa lecture est une déception.

Qu'y a-t-il de vrai dans la nomination du général Trochu en remplacement du général Lebœuf? Nomination acceptée, dit-on, par lui à condition seulement du départ de l'Empereur. Les *Débats* ne parlent de lui que comme commandant du département de la Seine (1).

(1) Le maréchal Lebœuf résigna ses fonctions de major général le 12 août. Le 17 du même mois, le général Trochu était nommé gouverneur de Paris et commandant en chef de toutes les forces destinées à la défense de la capitale.

Nous n'avons pas encore les détails sur la séance d'hier. On parle d'un soufflet reçu par M. de Valdrôme (1) et de la déchéance de l'Empereur demandée par Jules Favre. Qu'y a-t-il de vrai dans tout cela? M. Charton reçoit le *Journal officiel* ce soir. Nous aurons des détails sur la Chambre.

Madame Delaroche-Vernet à Madame Talbot.

Orangis, 11 août 1870.

M. Gomel et ses fils qui ont des amis partout, et surtout à l'armée, reçoivent des lettres tellement rassurantes sur la prochaine issue des événements que, lorsqu'ils sont partis hier soir, j'étais pleine de confiance. Seulement, la composition du ministère (2) me paraît laisser terriblement à désirer; mais c'est déjà beaucoup d'être débarrassé de l'autre (3)!

(1) Ministre de l'intérieur du ministère Ollivier.

(2) Composition du ministère du 10 août : *Présidence du conseil et guerre* : général de Palikao. — *Intérieur* : Henri Chevreau. — *Justice* : Grandperret. — *Travaux publics* : Jérôme David. — *Commerce* : Clément Duvernois. — *Marine* : amiral Rigault de Genouilly. — *Instruction publique* : Brame. — *Finances* : Magne. — *Affaires étrangères* : Prince de la Tour d'Auvergne.

(3) La composition du ministère précédent était la suivante : *Justice* : Ollivier. — *Finances* : Buffet. — *Guerre* : maréchal

A quelque opinion qu'on appartienne, il paraît qu'hier dans les rues, habits noirs et blouses blanches se donnaient la main de joie. Les derniers actes de ce ministère ont été dignes de lui. En donnant les dépêches il ne donnait pas les rapports et effrayait, sans aucun ménagement, la population affolée. Ainsi, la prise de six mitrailleuses a jeté la consternation ; mais il a oublié de dire que, ne pouvant les sauver, le corps d'artillerie auquel elles appartenaient les avait désorganisées.

Il paraît que le maréchal Lebœuf a demandé à rentrer à l'armée comme commandant une brigade d'artillerie (1). Il fera bien de rester sur le champ de bataille, car à Paris, s'il arrivait maintenant, il serait peut-être écharpé.

On dit que la Chambre va être prorogée. Au reste, si les députés passent leur temps à se souffleter, il vaut bien mieux les laisser chez eux.

Lebœuf. — *Marine* : amiral Rigault de Genouilly. — *Intérieur* : Chevandier de Valdrôme. — *Instruction publique* : Segris. — *Commerce* : Louvet. — *Travaux publics* : marquis de Talhouët. — *Affaires étrangères* : duc de Gramont.

(1) D'abord sans emploi, le maréchal Lebœuf reçut le commandement, au bout de peu de jours, du 3e corps d'armée, quand Bazaine fut nommé généralissime.

Madame Talbot à Madame Delaroche-Vernet.

Saint-Pair, 12 août 1870.

Ce matin, ta lettre et les journaux donnent des nouvelles plus rassurantes. Mais la Chambre! Quels cerveaux brûlés! Quels fous!

Les détails que nous avons lus sur les cuirassiers et les chasseurs qui se font tuer pour assurer la retraite de l'armée de Mac-Mahon sont navrants (1). Quelles horribles nécessités de la guerre et à quels affreux sacrifices on est contraint!

Pourvu que nous ayons une victoire dans la première rencontre : il me semble qu'alors on pourra parler de paix. On ne peut faire durer longtemps une guerre aussi exterminante.

Madame Talbot à Madame Delaroche-Vernet.

Saint-Pair, 13 août 1870.

La lettre si sage, si mesurée, que Philippe a écrite à ton père, a beaucoup contribué à nous conserver le calme que les impressions que les

(1) Charges de la brigade Michel à Morsbronn et de la division Bonnemains à Reichshoffen (6 août 1870).

Charton (1) recevaient de leurs correspondants auraient pu nous faire perdre, et ton père m'a dit que la lecture de la lettre de Philippe avait calmé M. Charton qui avait vu dans les appréciations de ton mari le résultat des observations d'un esprit calme et posé dont le jugement a du poids.

Le compte rendu de la séance est vraiment satisfaisant et on est heureux de voir l'entente qui commence à régner entre l'extrême gauche et le ministre de la guerre. On dirait qu'on a affaire à des gens qui raisonnent. Espérons!

Mais les nouvelles de la guerre? Qu'elles sont longues à venir! Il vaut mieux, cependant, qu'on ait le temps de se bien préparer, car il nous faut une victoire. Strasbourg est-il réellement entouré? On dit oui, on dit non. Le ministre actuel a l'air d'agir avec une grande activité, et il a eu le temps de combiner ses mesures en déplorant comme nous l'incapacité du ministre précédent. On sentait si bien qu'il était facile de faire mieux!

M. Duruy me semble un peu fou, à soixante ans, de se mettre dans la mobile. Cependant c'est une honorable folie (2).

(1) La famille Charton passait aussi les vacances à Saint-Pair.

(2) Le grand historien avait abandonné en juillet 1869 son portefeuille de ministre de l'instruction publique et était en 1870 sénateur et grand-officier de la Légion d'honneur. Il avait demandé, pour donner l'exemple, à faire partie de la mobile comme simple soldat, ce qui, malgré son âge, lui avait été accordé.

Monsieur Talbot à Madame Delaroche-Vernet.

Saint-Pair, 14 août 1870.

Je ne puis me résigner à croire que les grandes incapacités qui nous ont dirigés jusqu'ici, forcées par la terrible leçon des faits et par l'évidence douloureuse de leurs échecs amenés par la jactance et par l'aveuglement, ne fassent place à des hommes plus dignes de commander à tant de braves cœurs prêts à faire leur devoir. Quelle tristesse amère de voir que, après cinquante-six ans, le sol français a été envahi par une puissance qui était, tout récemment encore, un des États secondaires de l'Europe! Quelle responsabilité pour ceux qui ont si bien gouverné la France! Quel compte à rendre le lendemain de la victoire et le jour de la liquidation!

Madame Delaroche-Vernet à Madame Talbot.

Orangis, dimanche 14 août 1870.

Après avoir convié solennellement ses abonnés à un *Te Deum* le 15 à Berlin, le *Figaro* engage à filer en Suisse ceux qui ne peuvent être en état de défendre Paris; et, à d'autres journaux qui prêchent la confiance, il répond d'un ton mélancolique : « Les martyrs aussi avaient confiance! »

Si j'ai été dès le début et suis encore très tourmentée de l'issue de la guerre, je trouve que nous devons attendre la suite des événements pour jeter le manche après la cognée.

Madame Talbot à Madame Delaroche-Vernet.

Saint-Pair, 16 août 1870.

Il me semble que tout se calme un peu à Paris et que, si quelque grave événement, comme celui de la Villette (1), vient compromettre la tranquillité qui cherche à renaître, le bon esprit de l'immense majorité en fait promptement justice.

Je ne veux pas penser à cette retraite si grande qui laisse tant de territoire français à l'ennemi. C'est probablement utile; mais que c'est triste et effrayant!

(1) Le 14 août, le poste des sapeurs-pompiers de la Villette fut attaqué par une bande d'hommes armés. Il y eut plusieurs blessés et un tué parmi les pompiers et les agents venus à leur aide. Les insurgés prirent la fuite; mais on put arrêter plusieurs d'entre eux dont leur chef, Eudes, qui devait jouer un rôle important pendant la Commune.

Monsieur Talbot à Monsieur Delaroche-Vernet.

Saint-Pair, 16 août 1870.

De la guerre, rien de nouveau ici. On s'inquiète de la marche progressive des Prussiens au cœur de la France et sur Paris.

Je ne puis croire qu'il n'y ait pas de la part des chefs de notre armée un plan bien arrêté. Il nous en a coûté horriblement cher de lutter contre les Prussiens sur un terrain qui était plutôt le leur que le nôtre, et où ils ont pu dissimuler une si grande part des troupes engagées contre nous. Je ne sais si mon faible jugement s'abuse, mais il me semble que c'est grâce à eux s'ils viennent nous chercher dans les champs de Châlons...

Madame Delaroche-Vernet à Monsieur Talbot.

Orangis, 16 août 1870.

J'ai reçu votre lettre collective avec la nouvelle du petit avantage (1) que nos troupes ont rem-

(1) Bataille de Borny (14 août 1870).

porté et qui est, il faut l'espérer, le précurseur d'une victoire.

Philippe, en revenant dîner hier, a fait route avec Mme Gomel et le docteur Nélaton.

M. Nélaton a dit que l'organisation de secours du Palais de l'Industrie était admirable. Il a demandé à Mme Gomel, non pas de la charpie, car il y en a, dit-il, de quoi remplir la gare, mais des bandes larges de six centimètres et longues de trois mètres. Ces bandes seraient parfaites en toile, mais on s'en sert aussi très bien en calicot. Nous allons, dès ce soir, nous mettre à en confectionner.

Monsieur Delaroche-Vernet à Monsieur Talbot.

Mercredi, 17 août 1870.

Je ne vous ai pas donné de nouvelles depuis trois jours, car nous n'en avions aucune. Par contre, nous apprenons à l'instant même la suite de Longueville : Notre armée (Bazaine) a été de nouveau attaquée; mais nous avons refoulé victorieusement les Prussiens qui voulaient empêcher notre concentration sur Châlons et, notre corps d'armée n'étant plus inquiété, nous marchons en bon ordre sur notre point de jonction.

L'Empereur est arrivé le 16 au soir à Châlons et nous pensons tous que ce sera là que se décidera le sort de nos armes. Le moral de nos troupes est excellent, le nombre de nos soldats augmente tous les jours, et je pense, d'après les renseignements que j'ai pu recueillir, que nous ferons tête à l'invasion d'une façon victorieuse. La confiance, du reste, est de plus en plus grande et tout le monde compte sur Bazaine dont le rôle, en ce moment, est si beau, mais bien terrible. Avoir entre les mains la destinée du pays est une responsabilité effrayante; espérons tous que notre général en chef sera à la hauteur des circonstances!

Paris change chaque jour de physionomie; actuellement nous sommes inondés de francs-tireurs de toutes sortes, de pompiers des provinces, de soldats de toutes armes; mais tout cela converge vers un point, tend vers un même but, et je vous assure que de voir se coudoyer ainsi dans les rues le riche et le pauvre armés, le provincial et le Parisien fraternisant, le tout pour le salut commun, on est loin de désespérer. La crise est sévère; mais je crois qu'elle nous aura fait grand bien. Elle aura secoué notre indifférence et notre mollesse, épuré notre patriotisme qui ne dépassait pas la Bourse, et je suis certain que nous montrerons une fois de plus à l'Europe que si bas que puisse tomber la France, elle sait toujours se relever.

Mais après nous aurons notre linge sale à laver à l'intérieur et je crois que nous en aurons pour longtemps. Mais ne pensons qu'au présent !

En résumé, confiance partout, concentration de nos troupes malgré les efforts ennemis, augmentation journalière de nos forces, et attente pleine d'espérance de la crise terrible. Quand aura-t-elle lieu? Dieu seul le sait; mais nous ne pensons pas que ce soit avant trois jours.

Madame Talbot à Madame Delaroche-Vernet.

Saint-Pair, 18 août 1870.

Les dépêches un peu rassurantes arrivées ce matin, la lettre si calme et si confiante de Philippe, rendent l'esprit un peu plus tranquille. Hier, si je t'avais écrit, tu m'aurais vue inquiète, agitée, mécontente même du succès de dimanche que le roi de Prusse attribue à son armée. On a peu de nouvelles de l'armée française; par contre le *Temps* est rempli de dépêches de Berlin capables de démonter les esprits les plus confiants. On devrait, vraiment, interdire ces publications aux journaux. Hier, cette nuit, je pensais à la possibilité de notre retour à Paris qui me semble devenu indispensable en voyant notre armée marcher toujours en arrière. Nous ne voudrions pas attendre pour partir que toutes les communications fussent coupées. Ces pensées m'auraient fait rire il y a quelques jours; espérons qu'elles me feront rire bientôt!

Ton père a rapporté de longues dépèches de Granville où elles arrivaient ce matin; mais quoique longues de mots, elles sont bien vides de faits. Il faudrait une vraie victoire. On l'attendrait avec patience si l'attente la rendait plus certaine! mais tous ces combats successifs doivent épuiser l'armée. A peine une journée est-elle entamée qu'on voudrait être au lendemain.

Madame Delaroche-Vernet à Madame Talbot.

Orangis, 18 août 1870.

Il paraît qu'on doit se trouver satisfait des dernières nouvelles de la guerre. Le maréchal Bazaine a déclaré qu'il n'en enverrait que quand cela en vaudrait la peine, et, qu'en attendant, il désapprouvait ces communications faites jusqu'ici du quartier général. Attendons donc.

La bataille décisive doit se livrer entre Châlons

et Verdun. C'est bien près de Paris! Si nous étions battus!... Enfin, il vaut mieux espérer.

Le voisinage des Gomel est ma seule ressource, soit comme distraction pour pouvoir causer sensément, soit pour m'aider à montrer à marraine les événements sous un jour plus raisonnable. Le cours forcé de la Banque, dont elle est fortement actionnaire, la prétention de certains négociants de ne pas payer leurs termes pendant six mois, mais seulement l'intérêt, l'idée du *Figaro* que les catacombes étaient minées par les Prussiens (idée réjouissante du reste!), tout cela la bouleverse et lui fait perdre tout jugement.

Je ne sais toujours pas jusqu'à quand nous resterons ici?... Cela dépend des événements, et qui peut les prévoir?...

Madame Delaroche-Vernet à Madame Talbot.

19 août 1870.

Philippe va tâcher d'intriguer pour nous procurer le change de billets, sans cela nous pourrions finir par mourir de faim entre deux billets de mille francs.

Mme Perrot (1) me disait dans une de ses lettres que ni son mari ni le mien n'avaient poussé à ce qui se passe en approuvant l'infâme plébiscite. Qui y pense maintenant! Qu'il soit léger pour le cœur d'Ollivier qui va se reposer de ses nobles travaux en Italie! Quels propres à rien que ces ministres bavards et uniquement occupés de leurs chères et ineptes personnes.

M. Brame (2) me plaît beaucoup; Palikao a l'air de comprendre son devoir. Espérons et surtout attendons avec patience...

Madame Delaroche-Vernet à Madame Talbot.

Orangis, 23 août 1870.

On ne peut pas changer les billets de banque; j'ai écrit à M. Plon (3) pour le prier de m'en faire

(1) Mme Perrot, née Dornès, amie de Mme Delaroche-Vernet, fille d'un grand industriel lorrain et nièce du représentant du peuple en 1848, avait épousé M. Georges Perrot, ancien élève de l'école d'Athènes, professeur au lycée Louis-le-Grand, qui devait devenir membre de l'Institut, directeur de l'Ecole normale supérieure et secrétaire perpétuel de l'Académie des Inscriptions et Belles-Lettres.

(2) M. Brame était député du Nord et ministre de l'Instruction publique.

(3) M. Henri Plon, imprimeur-éditeur, ami de la famille Talbot.

changer un de cinq cents francs en envoyant chercher de la monnaie pour payer ses ouvriers.

Les fournisseurs d'aucune sorte ne veulent plus donner de monnaie et nous en avons si peu que cela ne vaut pas la peine d'en parler. On demande cinquante francs chez les changeurs pour changer un billet de mille francs.

Madame Talbot à Madame Delaroche-Vernet.

Saint-Pair, 21 août 1870.

Nous venons de passer deux jours, trois peut-être (on ne sait comment on vit) dans un grand espoir de voir les Français enfin dans une meilleure situation et pouvant chasser les Prussiens de France; mais les nouvelles n'arrivent plus, et si, comme ce matin, on reçoit une dépêche insignifiante, on est tout disposé à croire le bruit qui circule que le IIIe corps d'armée prussien arrive par Troyes et Sézanne pour assiéger Paris.

On se dit bien : Paris est imprenable, bien défendu, et si le maréchal Bazaine peut gagner une grande victoire, les Prussiens regretteront bien d'être venus sous les murs de la capitale. Mais à quel prix serons-nous les maîtres? Les habitants de Paris n'auront-ils pas à souffrir même d'un semblant de siège, et vous faites partie de ces habitants? Tout cela n'est pas gai.

Madame Talbot à Madame Delaroche-Vernet.

Saint-Pair, 24 août 1870.

Et la guerre? Hier nous étions moins sombres; aujourd'hui tout est noir. Pourquoi? On ne saurait au juste le dire. Nos impressions nous viennent de Paris et dépendent des lettres que toute notre colonie reçoit.

La Chambre d'hier a ramené quelques préoccupations.

Si les Prussiens ne viennent pas à Paris, je trouverai les choses arrangées pour le mieux, mais il vient tant de Parisiens qui fuient la capitale, ou plutôt les environs, qu'on ne peut s'empêcher d'être ému.

En ce moment, on est plus avide que jamais de savoir quelque chose de la guerre. Ce matin, sans qu'il y ait rien de précis, il circule dans l'air et dans les esprits une certaine sécurité, précurseur de bonnes nouvelles ordinairement. On serait assez disposé, l'esprit va si vite, à voir le maréchal

Bazaine sur la route de Berlin. En attendant, on voudrait bien entendre la proclamation d'une grande victoire qui est longue et difficile à venir.

Que les familles parisiennes doivent être heureuses du retour de la mobile ! Tu as lu, sans aucun doute, la lettre de la dame d'honneur de la grande-duchesse de Bade à Mme Dauban pour lui donner des nouvelles de son fils (1). Mme Plon m'avait dit qu'il aurait été blessé, mais sans rien dire de plus. Ton père avait écrit à M. Dauban (2) pour avoir des nouvelles, mais le *Temps* ce matin nous en a donné par cette lettre vraiment curieuse.

Nous sommes ici dans un milieu très républicain, mais patriote.

Que devient l'Empereur? Sait-on où il est? Que va-t-il devenir? Il y a des moments où il doit être tenté d'abdiquer.

Madame Delaroche-Vernet à Madame Talbot.

Orangis, 24 août 1870.

Je ne sais trop que penser de ce qu'on dit et de ce qu'on écrit de la guerre. Mon sentiment intime

(1) Voir appendice.

(2) M. Dauban, conservateur, sous-directeur du département des Estampes à la Bibliothèque impériale, était le père du jeune blessé.

est que ça va très mal; mais quand je vois Philippe plein de confiance, M. Gomel et ses fils très rassurés, je veux croire que c'est moi qui ai tort. Malheureusement, mes premières prévisions se sont si mal réalisées, que mes pressentiments ont pris une certaine valeur à mes yeux.

Je crois aussi le service des blessés bien mal organisé aux domiciles des particuliers : Mme de Rigny a trente lits prêts, des médecins, des sœurs, du linge et de tout, et on la renvoie de ministère en intendance pour obtenir des blessés à soigner. Cela dure depuis plus de quinze jours et elle n'a aucune réponse.

Madame Delaroche-Vernet à Madame Talbot.

Paris, 26 août 1870.

On vient d'afficher sur les murs de Paris le renvoi de toutes les bouches inutiles, les Prussiens étant à trois jours de Paris. Ce qui n'est pas affiché, mais ce qu'on dit, c'est qu'ils sont à Château-Thierry. Si le docteur Blachez le permet, les enfants partent demain; mieux vaut leur éviter toutes les chances possibles d'un siège, à commencer par la disette (1).

(1) Par crainte du siège les enfants Delaroche-Vernet devaient être envoyés près de leurs grands-parents Talbot à Saint-Pair.

J'ai fait hier, c'est un peu trop tard malheureusement, d'énormes provisions que j'ai payées très cher. Mme Dauphin (1) faisant ses provisions deux jours après sa sœur, a payé tout plus cher qu'elle, et moi plus cher encore que Mme Dauphin.

On reprend tous les anciens militaires, même mariés.

Philippe a rapporté du ministère des impressions assez bonnes. On parle officieusement d'une victoire que nous aurions remportée.

Madame Delaroche-Vernet à Madame Talbot.

Paris, 27 août 1870.

On attend les Prussiens. Émilienne, notre ouvrière, qui est ici, me dit qu'il y a deux esprits différents dans son quartier (canal Saint-Martin), dont un ne pense qu'à ouvrir la porte aux ennemis pour se venger du gouvernement. Il est vrai qu'on y fait de nombreuses arrestations.

A peine les enfants partis, je vais entrer à la Société internationale de secours aux blessés ou autre. Que deviendrais-je sans mari et sans enfants,

(1) Mme Dauphin, sœur de Mme Perrot et amie de Mme Delaroche-Vernet.

du matin au soir, si je ne trouvais un moyen de m'occuper? Du reste, je crois que la besogne ne manquera pas.

Madame Delaroche-Vernet à Madame Talbot.

Paris, 28 août 1870.

On disait hier les Prussiens à Sens; en deux jours ils peuvent être ici; aussi il y avait hier une telle bousculade pour rentrer à Paris des environs, que Philippe, revenant avec André d'Orangis, n'a pas pu ramener sa malle, et qu'ils étaient dix dans leur compartiment.

Je ne pense pas que les Prussiens entrent de sitôt à Paris, peut-être même n'y entreront-ils pas du tout. Espérons-le! Le siège nous suffira amplement. On assure que Paris contient assez de provisions pour le soutenir deux mois. Je doute que cela dure aussi longtemps.

A la dernière minute, on annonce un mouvement de retraite du prince royal et une victoire sur le prince Frédéric.

Madame Delaroche-Vernet à Madame Talbot.

Paris, 30 août 1870.

Les pommes de terre valent à la Halle de 2 fr. 90 à 3 francs le boisseau; demain elles auront sans doute augmenté (1). Depuis l'affiche d'hier qui ordonne de faire des provisions, les denrées se paient au poids d'or. Tu me parlais du marchand près de l'Opéra; il y a plusieurs jours qu'il n'a plus rien. Les boutiques d'épicerie sont vides, et je n'ai pas pu avoir de jambon.

Les Parisiens sont toujours les mêmes : extrêmes en tout. Il y a huit jours, on ne pensait pas au siège; depuis vendredi, c'est une terreur qui serait risible si elle n'avait pas un pareil objet.

Madame Delaroche-Vernet à Madame Talbot.

Paris, 2 septembre 1870.

Tu sais que dans le cas où les Prussiens avanceraient, le ministère serait transporté avec les

(1) Le 17 janvier 1871 le boisseau de pommes de terre devait se vendre 25 francs.

autres à Tours ou à Bourges. On dit que nous avons remporté une victoire. Philippe sait de source certaine que Mac-Mahon et Bazaine ont dîné ensemble. Il faut donc avoir bon espoir; mais ce sera une guerre d'extermination. Philippe n'est rentré avant-hier qu'à deux heures du matin, retenu par d'horribles dépêches auxquelles il fallait répondre de suite et dans lesquelles on leur apprenait que les Prussiens fusillaient les mobiles et les francs-tireurs, ne les considérant pas comme soldats. On va sans doute leur faire de sanglantes représailles.

Madame Talbot à Madame Delaroche-Vernet.

Saint-Pair, 3 septembre 1870.

Comme les nouvelles sont peu rassurantes! du moins celles qui arrivent par l'Angleterre et la Belgique! Ces victoires dont on parle ici et qui sont des victoires aussi pour la Prusse doivent être des alternatives de succès et de revers qui ne rassurent pas sur ce qui va suivre. Et Strasbourg? Malgré tout, on veut espérer que la France sortira victorieuse de tout cela, ou, plutôt, dans une situation qui ne la contraigne pas à subir des conditions de paix qui seraient désolantes et honteuses.

La nouvelle que Philippe donne de la réunion des maréchaux Bazaine et Mac-Mahon peut donner quelque espérance. S'ils peuvent s'entendre sur ce qu'il y a à faire, tout ira peut-être mieux; espérons!

Madame Delaroche-Vernet à Madame Talbot.

Paris, 3 septembre 1870.

J'ai à faire des vareuses pour les blessés. Je ne t'ai pas parlé des nouvelles, je ne les trouve pas bonnes : il faut donc attendre! Nous ne faisons que cela depuis bientôt un mois!

Madame Delaroche-Vernet à Madame Talbot.

Paris, 3 septembre 1870.

C'est à ne pas croire, mais cela est. Je rentrais de chez ma tante Huguet (1) et j'ai trouvé à la mai-

(1) Mme Huguet était la fille d'une sœur d'Horace Vernet (Mme Hippolyte Lecomte).

son Philippe revenant du tir de Vincennes, tout content d'être le meilleur tireur (1). Il a voulu descendre me chercher des fleurs et il est remonté blanc comme un linge en apprenant du concierge qu'on annonçait notre défaite. Il est reparti savoir des nouvelles et il a rencontré M. de Monnecove (2) revenant de la Chambre. Palikao l'a dit, nous sommes écrasés sans ressource. Le prince impérial est en Belgique et on dit l'Empereur prisonnier. Philippe était en larmes en me disant cela. Il vient de redescendre chez M. de Monnecove lui demander quelques explications au sujet de ce qu'il lui a dit pour la proclamation de la République à Paris.

Quel bonheur de vous savoir là-bas avec nos enfants! Ne craignez rien pour nous, et puisque nous n'avons pas à nous désoler pour nous-mêmes, pensons au malheur de notre pays. Où nous a conduit cet infâme plébiscite!...

Philippe remonte : Mac-Mahon est blessé, le prince impérial est chez le prince de Chimay, on doit proclamer la République cette nuit.

Il paraît que tout le monde pleurait à la Chambre...

(1) M. Delaroche-Vernet fit partie de la garde nationale jusqu'à son départ pour Bordeaux.

(2) M. de Monnecove était locataire dans la maison que M. et Mme Delaroche-Vernet habitaient, 103, rue du Bac, et qu'ils devaient quitter pour aller 110, même rue.

Madame Talbot à Madame Delaroche-Vernet.

Saint-Pair, 4 septembre 1870.

Ton père devait t'écrire aujourd'hui, mais il vient de partir pour Granville au-devant des nouvelles, qui, depuis ce matin, nous arrivent à chaque instant plus désastreuses. La déclaration du général Palikao nous a bouleversés. Quoique nous n'ayons pas été beaucoup émus par la prétendue victoire annoncée avant-hier, nous ne pouvions prévoir un tel échec et un tel anéantissement de l'armée. La dernière dépêche nous annonce que le maréchal Mac-Mahon est gravement blessé et que l'Empereur et quarante mille hommes sont prisonniers.

Pour l'Empereur, qui s'en occupe? mais que va-t-il arriver? La Chambre et le ministère vont-ils continuer à agir d'un commun accord? Les Prussiens vont-ils marcher sur Paris? Va-t-on faire une paix honteuse, ou la France va-t-elle se se défendre? A-t-elle des forces organisées pour continuer cette guerre affreuse et peut-être inutile? En voyant de si terribles désastres, on n'ose exprimer ses sentiments patriotiques, surtout quand on est femme et à l'abri de tous lès malheurs;

mais qu'on est atterré! C'est bien difficile de vivre dans une attente si douloureuse des événements, et on voudrait être à Paris, tous réunis. Ton père surtout souffre de son inaction.

Vous êtes peut-être plus tranquilles, car vous voyez les effets produits par toutes ces malheureuses nouvelles, mais ici nous nous demandons ce qui se passe à Paris où tant de partis sont en présence et disposés, peut-être, à profiter des malheurs publics.

Si nous étions tous réunis!

Madame Delaroche-Vernet à Madame Talbot.

Paris, 4 septembre 1870.

Rien de nouveau que vous ne sachiez par la proclamation des journaux d'hier soir et surtout de ce matin. On doit proclamer la déchéance aujourd'hui. Tu peux deviner quel dîner nous avons eu hier! Personne de nous ne pouvait parler et on n'entendait que des imprécations contre le gouvernement.

Si Mme Perrot part (1), Philippe lui remettra

(1) M. et Mme Talbot avaient offert de prendre avec eux à Saint-Pair la seconde fille de Mme Perrot. La proposition fut

pour vous un passeport pour l'Angleterre, pour Jersey du moins. Ce passeport est, je crois, bien inutile; mais quand on voit cerner tout le Nord, Péronne et autres, il vaut mieux éviter de se trouver dans un village non défendu, en tête à tête avec quelques centaines de uhlans.

Monsieur Delaroche-Vernet à Monsieur Talbot.

Pas de date.

C'est le cœur navré, déchiré, anéanti, que je vous écris. Quelle affreuse chose que cette défaite atroce que nos troupes viennent de subir! Et cet Empereur qui, dans une place forte, à Sedan, entouré encore de quarante mille hommes, rend son épée à l'ennemi! Non, jamais de la vie je n'aurais pu croire à une pareille honte! Il ne nous reste plus rien, nous sommes dans la boue, foulés aux pieds, humiliés, et cela sans espoir de nous relever. Que faire dans Paris sans armée tenant la campagne? Le défendre; mais pourquoi? Le pouvons-nous, sommes-nous armés, pouvons-nous résister à une invasion qui va venir avec une masse énorme de

acceptée et l'enfant resta jusqu'au mois de mars confiée à leurs soins.

soldats battre nos murs? C'est à en devenir fou, je ne sais plus que penser! Et dire que la reddition d'Ulm qui était la honte de l'Autriche est dépassée par celle de Sedan où nous avions quarante mille...

Quatre heures et demie. — A la hâte.

Voici les noms du nouveau gouvernement, l'Empire est à bas (1) :

Jules Favre;
Simon;
Ferry;
Kératry;
Picard;
Gambetta;
Pelletan;
Crémieux;
Trochu;
Grévy.

La foule est entrée dans la Chambre. L'ordre (si on peut appeler cela de l'ordre) est complet.

(1) Écrite à la hâte et d'après les premiers bruits qui circulaient, cette liste n'est pas absolument exacte. La voici rectifiée :
Jules Favre. — Jules Simon. — Jules Ferry. — Emmanuel Arago. — Ernest Picard. — Gambetta. — Eugène Pelletan. — Crémieux. — Garnier-Pagès. — Glais-Bizoin. — Rochefort.
Le général Trochu était nommé président du gouvernement, il l'avait du reste exigé, avec pleins pouvoirs militaires. (Charles de Mazade, *la Guerre de France 1870-71*, t. Ier, note 1, p. 326.)

Pas de coups de fusil. L'Impératrice est partie. A demain d'autres nouvelles.

Madame Talbot à Madame Delaroche-Vernet.

Saint-Pair, 5 septembre 1870.

Nous savions déjà toutes les mauvaises nouvelles que vos lettres contenaient. Les dépêches, le *Gaulois* nous avaient mis au courant de tous les événements de la guerre, de la déchéance du gouvernement impérial et de la proclamation de la République.

Un voyageur arrivé ce matin nous a dit combien Paris était calme, mais que va-t-il se produire? Ce gouvernement donnera-t-il quelque confiance à la France? Sera-t-il accepté des puissances étrangères? Que vont faire les Prussiens? Le général Trochu est accepté comme un sauveur; mais on regrette de ne pas voir le nom de M. Thiers dans la dépêche, bien qu'on dise que tous les députés de Paris font partie du gouvernement de défense. N'aurait-il pas accepté (1)? Une vieille femme d'ici,

(1) M. Thiers avait refusé de prendre sa part du pouvoir. « Son bon sens lui montrait la situation sans remède; son égoïsme lui soufflait de laisser s'user les autres en se réservant. » (Pierre de La Gorce, *Histoire du Second Empire*, p. 375.)

qu'on pourrait prendre pour une mendiante, disait : « Trochu, ça va; mais Rochefort, nous n'en voulons pas. Thiers, à la bonne heure! » C'était étrange.

Vos lettres sont désespérantes! Nous avons compris et partagé la douleur de Philippe en apprenant le dénouement honteux de cette dernière lutte qui devait finir par une victoire! Mais je pense que l'influence des X... et des Z... qui voient tout en noir a agi sur vous, et je veux espérer que vos appréhensions vont trop loin.

Que va devenir la guerre? les Prussiens vont-ils marcher sur Paris? La capture de l'Empereur changera-t-elle leurs projets? Les puissances vont-elles intervenir et posera-t-on des conditions acceptables pour la France? On ne peut, sans révolte, songer au sacrifice de l'Alsace et de la Lorraine. Pour ma part, cela me semblerait honteux plus encore que nos défaites.

Les événements marchent vite et cependant les nouvelles semblent bien longues à venir. L'esprit est si inquiet, si agité, qu'il entrevoit mille choses dont il attend la solution avec une avidité anxieuse! Ce n'est pas vivre! Peut-être qu'à Paris les mille nouvelles que vous avez par jour satisfont ce besoin immodéré de savoir qui nous ronge.

Le ministre des affaires étrangères n'est pas nommé dans la dépêche; si c'était M. Thiers!

Je ne me ferais pas à l'idée de fuir à Jersey, ces sauve-qui-peut me répugnent. J'avais pensé à aller à Gorges vers la fin de septembre si les événements empêchaient de retourner à Paris. Ici nous sommes dans un centre de nouvelles que nous quitterions difficilement en ce moment.

Madame Delaroche-Vernet à Madame Talbot.

Paris, 5 septembre 1870.

Nous avons assisté hier à une journée unique qui a vu s'accomplir de grandes choses avec un ordre et un calme admirables. Je vais te les dire depuis le commencement.

Dès le matin, Philippe et son frère sont partis aux nouvelles et sont rentrés annonçant une grande manifestation au Corps législatif pour une heure. Ils sont repartis et nous sommes restées, Kazia (1) et moi, à la garde de M. Michel (2). Nous avons commencé par aller savoir ce que devenait M. Lecoq (3) (rien de nouveau encore), puis nous

(1) Mme Horace Delaroche.

(2) M. Adrien Michel était un camarade de collège et ami intime de M. Delaroche-Vernet.

(3) Le commandant Lecoq habitait boulevard des Invalides la maison portant le numéro 18, actuellement 34.

Il devait être nommé le 8 septembre chef d'état-major du

avons continué le boulevard des Invalides, le pont d'Antin et la rue de Marignan. Là Kazia épuisée nous a quittés et est rentrée. J'ai continué avec M. Michel et nous sommes arrivés place de la Concorde où il y avait bien cent mille personnes; le pont, le Corps législatif étaient pleins de gardes nationaux, la plupart sans armes; les mobiles armés portaient leurs fusils la crosse en l'air. Des cris, des chants, « la Déchéance! », la *Marseillaise*, pas de tumulte, pas de coups, des recommandations de calme. La statue de la ville de Strasbourg couverte de fleurs, de couronnes, et chaque bataillon passant devant elle présentait les armes s'il en avait, ou faisait battre aux champs. Ceci était très émouvant.

Nous avons appris alors que les gardes nationaux pouvaient pénétrer dans la Chambre. J'ai voulu que M. Michel pût profiter de son uniforme, je l'ai engagé à courir s'habiller après m'avoir déposée chez les Gavard (1); c'est ce qu'il a fait (2), et des fenêtres des Gavard j'ai assisté à tout. Nous avons vu les troupes revenir aux cris de « Vive la Répu-

général de Beaufort d'Hautpoul, commandant un corps de mobiles.

(1) M. Gavard était premier secrétaire d'ambassade; sous-directeur politique au ministère des affaires étrangères.

(2) En rentrant chez lui M. Michel, qui habitait 9, rue Vézelay, a traversé le parc Monceau et a été frappé de le trouver dans un calme complet, rempli d'enfants jouant et de mères travaillant. Personne ne semblait se douter de ce qui se passait place de la Concorde.

blique! », tous les aigles des drapeaux retirés, ceux des shakos des gardes nationaux de même, tous les fournisseurs de l'Empereur ont enlevé les insignes de leurs boutiques. Puis, malgré le peu de regret que laisse cette famille déchue, j'ai éprouvé une véritable émotion à voir tout à coup descendre lentement le pavillon qui flottait sur les Tuileries; l'Impératrice était partie et avec elle la dynastie tout entière.

Un quart d'heure après, tout était calme, le jardin des Tuileries était ouvert aux promeneurs. Je suis partie chez marraine (1) sans rencontrer plus de monde qu'à l'ordinaire, et là Philippe est venu nous rejoindre annonçant la composition du gouvernement que vous connaissez et auquel Horace nous a dit hier soir qu'on adjoignait Rochefort!!! Nous sommes repartis à sept heures et demie et nous avons été assourdis sur le boulevard par les crieurs publics offrant aux groupes paisibles de promeneurs *la proclamation de la République, la déchéance de l'empereur, un sou!* Nous avons bondi la première fois que nous avons entendu cela de nos oreilles.

Philippe était convoqué pour passer la nuit aux Invalides avec sa compagnie. Tout était calme, il a pu rentrer à minuit.

(1) Mme Lenoir habitait rue Caumartin.

Et les Prussiens sont à nos portes! Va-t-on agir? Est-ce là le gouvernement provisoire qu'il nous fallait? On peut en douter; mais il faut voir ses œuvres.

Je reçois à l'instant ta lettre; je commence par te dire que nous sommes dans le plus grand calme. On croit à un armistice, peut-être à la paix; mais on doute (M. Thiers l'a dit hier soir à Horace) de la défense de Paris, n'étant plus appuyé sur les armées détruites.

Papa accomplit un devoir pénible, mais que nous nous permettons de croire nécessaire, en restant là-bas. Il n'y a plus d'enfants à Paris, et où pourrions-nous mettre les nôtres si vous reveniez? Les Tuileries sont souvent fermées, le Luxembourg est un parc de moutons; on n'y entre plus depuis huit jours. Sans croire à la durée d'un siège, il est bien supposable que nous allons en avoir au moins le simulacre; que ferions-nous des enfants, que ferait papa à Paris? Je sais bien que vous seriez à la source des nouvelles, mais nous vous les envoyons. Le gouvernement provisoire ne peut pas durer, c'est une pétaudière atroce! Dans quel tripotage sommes-nous! Cela fait mal au cœur. Et cependant quelle belle attitude hier, pourquoi en est-il sorti pareil esprit de parti?

Nous avons ici le *Rappel, journal du gouvernement;* c'est à mourir de rire et c'est ce que nous avons fait quand je l'ai lu à haute voix ce matin aux Horace et à Philippe. Il n'y a qu'un journal, c'est le *Temps*. Nous les lisons tous et c'est à celui-là, le seul qui se respecte, que nous revenons.

Mac-Mahon est grièvement blessé, mais pas autant qu'on le dit; l'os n'est pas atteint, mais la plaie est grande. Quelle honte que cette capitulation!

Je rentre, Paris est admirable de calme. Les proclamations sont toutes pleines de modération. Philippe a pour chef de cabinet du ministre Ulric de Fonvielle (1)!!!

Les démissions pleuvent. M. Desprez (2) part selon toute probabilité. Attendons tout des événements. — Mme Perrot ne sait pas si elle partira conduire Suzanne. On doute si fort de la défense de Paris que l'idée de siège s'écarte.

Voici ce que nous lisons à l'instant dans l'*Officiel*, je vous le copie textuellement :

BANQUE DE FRANCE

AVIS AU PUBLIC

La Banque a décidé *que les titres déposés en garanties d'avances ou d'escompte à deux signatures* seraient en-

(1) Ulric de Fonvielle avait été avec Victor Noir le témoin de Paschal Grousset dans son affaire avec Pierre Bonaparte, qui devait se terminer si tragiquement.

(2) M. Desprez était directeur politique au ministère des affaires étrangères.

voyés dans une de ses succursales. En conséquence de cette décision, les propriétaires des titres déposés sont informés qu'à partir du mardi 6 septembre ces titres ne leur seront rendus, malgré le remboursement des avances ou le retrait des effets, que trois jours après leurs demandes.

MARSAULT.

En cas d'investissement de la ville de Paris, les remboursements d'avances et les retraits de titres engagés à Paris ne se feront que dans une succursale que la Banque se réserve de désigner ultérieurement.

La Banque saisit cette occasion de rappeler qu'aux termes du droit elle n'est, vis-à-vis des dépôts volontaires, responsable *ni des cas fortuits, ni des cas de force majeure.*

L'en-tête de l'*Officiel* a pour sous-titre *Journal de la République française.*

Je rouvre ma lettre au ministère, où j'étais venue prendre des nouvelles, pour te dire qu'Ulric de Fonvielle ne sera pas chef de cabinet.

Madame Talbot à Madame Delaroche-Vernet.

Saint-Pair, 6 septembre 1870.

Si une trêve arrêtait le mouvement sur Paris! Si on pouvait faire une paix qui ne soit pas trop honteuse et qui nous laisserait tout notre territoire! Vois-tu Strasbourg devenir prussien! Après cette belle défense, ce serait indigne!

M. Cresson (1), arrivé de Paris ce matin, dit que Jules Favre est parti en mission pour proposer la paix au roi de Prusse.

L'avocat Laurier (2) est chef de cabinet, je ne sais plus où. Ernest Picard (3) est avec son frère (4). Une république, si c'est une bonne, cela peut aller; mais dans un si grand nombre de membres du gouvernement, combien il y en a qu'on pourrait mettre de côté sans regrets!...

(1) Avocat très distingué, M. Cresson devait devenir bâtonnier. Il fut préfet de police du 2 novembre 1870 au 11 février 1871.

(2) M. Laurier, ancien secrétaire de M. Crémieux, était, non pas chef de cabinet, mais directeur général du personnel au ministère de l'intérieur.

(3) M. Ernest Picard, avocat et député, reçut au 4-Septembre le portefeuille des finances.

(4) M. Arthur Picard devait devenir en 1876 député de Castellane.

Madame Delaroche-Vernet à Madame Talbot.

Paris, 6 septembre 1870.

Imagine-toi que Philippe et moi sommes à peu près les seuls qui ayons du sang-froid, du calme et de la modération dans nos craintes.

M. Lecoq, M. Michel, le ministère tout entier voient des choses telles que je ne peux y croire. La seule sur laquelle tout le monde est d'accord est la perspective d'avoir les Prussiens ici demain soir ou jeudi matin. Se défendra-t-on à mort? Ne se défendra-t-on pas? Les plus enragés reculent. Le général Trochu, visitant hier le nouveau fort d'Ivry, a dit à un officier qui l'a répété à M. Lecoq : « Tout cela est très joli, très ingénieux, seulement je n'ai pas un homme à y mettre, et si les hommes sortaient de terre, je n'aurais pas de fusils à leur donner! »

Philippe est chez M. Thiers savoir des nouvelles et aussi chez le duc Decazes.

Une fois les Prussiens entrés, tu ne peux deviner ce dont on les croit capables!

On dit que Jules Favre est en parlementaire près du roi de Prusse. Ce qui donnerait quelque créance à cette opinion, c'est qu'il n'a pas encore pris possession du ministère. Nous savions secrètement par M. Lecoq cette infamie des cartouches de sable qui n'est plus, maintenant, un secret pour personne.

Si on tente de défendre Paris, que deviendront nos maris? Je fais de la charpie et je la garde. Si M. Michel était blessé, nous lui avons dit de se faire transporter ici puisqu'il n'a pas de femmes près de lui.

On dit que M. Charton est préfet de Versailles.

Avez-vous vu l'adresse des notables au roi Guillaume? Je comprends le sentiment qui la dicte, à leur place j'en ferais autant.

On dit que la Prusse veut l'Alsace, la Lorraine, trois milliards et un choix dans les musées et bibliothèques. Voilà où un mois de campagne nous a mis.

Je pense bien à mes fils et ils me manquent plus que je ne peux dire; mais qu'en ferais-je, avec les Prussiens, les blessés, le siège et peut-être le bombardement? Il fait un temps affreux aujourd'hui, cela va-t-il retarder leur marche? Chaque bruit inusité que nous entendons nous fait prêter l'oreille. Ce matin le tonnerre nous a réveillés avec un battement de cœur, on aurait dit la canonnade. Est-ce ainsi que nous serons réveillés après-demain? Je te prie de croire que je suis aussi calme que jamais, je n'ai ni état nerveux, ni crainte, ni agitation, seulement nous avons de singulières mines et, tout en nous portant très bien, nous maigrissons à vue d'œil. Je voudrais la capitulation immédiate. Puisqu'il va falloir en arriver là sous peu, à quoi bon faire tuer nos maris pour gagner huit jours? Cette défense, que j'admettais comme plan stratégique avec l'appui de nos armées, quel est son but à présent où nous n'avons que la mobile mal armée et la garde nationale encore en partie sans armes? Je ne parle pas du corps du général Vinoy paralysé dans Laon. Quant à l'armée de la Loire, il est bien constant qu'elle n'existe que sur le papier.

Le passage en Angleterre qui te répugne, dis-tu, sera peut-être indispensable, soit si les Prussiens gagnent le Nord, ce qui n'est pas impossible, soit si des scènes de Jacquerie éclatent à Granville. J'espère que ceci n'aura pas lieu contre des étrangers auxquels on ne peut reprocher ni d'être impérialistes, ni d'être propriétaires. Une promenade à Jersey ne serait pas une affaire.

Philippe n'a pas rapporté de nouvelles. Il est au ministère. Que rapportera-t-il ce soir?

J'ai écrit à bonne-maman (1) hier en la préparant à rester sous peu sans nouvelles, puisqu'on annonce l'enlèvement des rails tout autour de Paris.

M. et Mme Dornès (2), cernés par les Prussiens,

(1) Mme Sédille, mère de Mme Talbot.
(2) Voir note 1, p. 24.

n'ont ni lettres, ni journaux depuis un mois. Ils ignorent tous les événements et la lecture de leur dernière lettre d'hier était par sa confiance, sa sérénité et son ignorance complète la chose la plus triste.

Madame Talbot à Madame Delaroche-Vernet.

Saint-Pair, mercredi 7 septembre 1870.

Ta lettre me navre. Je comprends que tu désires et que tu doives rester à Paris, mais j'espérais que le ministère quitterait et irait à Bourges. Qu'allez-vous devenir? Que va-t-il arriver? Tout est à craindre.

Les nouvelles que tu nous donnes, complétées par celles des journaux, ne sont pas rassurantes. On ne sait que désirer, que penser, on est anéanti. Qui aurait pu croire qu'une grande nation fût si facilement réduite et dans l'impossibilité de reprendre une revanche? Il y a des gens qui croiront à un sort jeté sur la France. Comment expliquer un si grand pays tellement paralysé, n'ayant aucun moyen de défense. Pas d'armes, pas d'organisation. Je l'ai dit en commençant : nos soldats seront facilement en déroute dans une guerre où le courage n'a rien à faire, et où l'on se bat dans le vide. Quelle monstruosité qu'une guerre avec de pareilles machines qui lancent la mort à de si grandes distances !

Pendant qu'à Paris on était sous l'impression du changement de gouvernement, du grand calme, de la modération du peuple dans sa joie d'avoir reconquis sa liberté, nous étions à Sedan écrasés par la honte de la capitulation et navrés de toutes ces morts glorieuses mais inutiles !

Pourrons-nous encore nous écrire plusieurs lettres ? — Mon Dieu, que cette incertitude est difficile à supporter !

Madame Delaroche-Vernet à Monsieur Talbot.

Paris, 7 septembre 1870.

Le calme le plus grand règne à Paris, et dans ma chambre, les arbres sous mes yeux et le bêlement de deux ou trois mille moutons parqués aux Petits-Ménages, je pourrais me croire en Arcadie.

Les Tuileries sont fermées. Jules Favre n'a pas quitté Paris. Il garde momentanément tout le personnel du ministère, sauf son cabinet qui n'est pas encore nommé. Il n'est guère question de partir pour Bourges et chaque jour passé est une chance pour que ce départ n'ait pas lieu.

Madame Delaroche-Vernet à Madame Talbot.

Paris, 8 septembre 1870.

Rien absolument de nouveau. La magnifique circulaire de Jules Favre produira-t-elle quelque effet? Dieu le veuille; en tout cas je crois que Paris se défendra d'abord.

On pense que les Prussiens ne trouvant plus aucune alimentation autour de Paris iront en chemin de fer en chercher partout et même au loin. En ce cas votre départ pour Jersey peut devenir indispensable.

J'ai des heures de calme et des heures de terreur; le mieux serait pour nous d'être toujours au moins deux ensemble. Nous nous voyons du reste beaucoup entre nous.

On a appris ce matin par une lettre particulière que le général Tilliard (1) serait tué; mais la nouvelle n'est pas officielle. Pas de nouvelles du père Lescœur (2) qu'on croit prisonnier.

(1) Le général Tilliard commandait la 1re brigade de la division de cavalerie du 6e corps d'armée.

(2) Louis Lescœur, prêtre de l'Oratoire, dont il fut l'un des

Je me raccroche par moments à la pensée de Bourges ou de Tours; mais il n'en est aucunement question au ministère. Cette mesure me semble cependant indiquée et je veux espérer qu'on en reconnaîtra l'utilité. Dans ce cas, il faudrait partir en deux heures; cela ne serait pas difficile, et quand Philippe n'est pas là, je fais en cachette quelques préparatifs pour n'être pas prise au dépourvu. Cette idée de départ le désolerait; il trouve qu'il aurait toute l'apparence d'un poltron, il ne voit pas que son service serait là aussi bien qu'ailleurs. Enfin! Inutile de se forger un espoir probablement chimérique. Ne me parle pas de cette possibilité qui fâche Philippe et à laquelle il serait forcé de se soumettre (pour mon bonheur) sans choisir.

Madame Delaroche-Vernet à Madame Talbot.

Paris, jeudi soir 8 septembre 1870.

Philippe peut partir d'un moment à l'autre, *mais c'est le plus grand secret*, n'en parlez *absolument* à

fondateurs, docteur ès lettres, avait, en 1862, accompagné M. Delaroche-Vernet dans un voyage en Palestine. Il avait été blessé pendant la révolution de 1848 en faisant le coup de feu sur les barricades. Il n'entra dans les ordres qu'en 1852.

personne. Ces messieurs sont liés par une promesse. J'envoie ce soir ma malle par grande vitesse en gare de Granville. Il peut se faire, une fois Philippe à Bourges ou à Tours, que je vous rejoigne (1).

Madame Talbot à Madame Delaroche-Vernet.

Saint-Pair, 9 septembre 1870.

Une certaine confiance nous a délivrés de ces angoisses si douloureuses où nous avaient laissés les événements de Sedan et dont n'avaient pu nous faire sortir les démonstrations patriotiques de la République.

La belle circulaire de Jules Favre nous a beaucoup émus et elle est si pleine de cœur, de raison, de sentiments élevés, qu'on ne peut s'empêcher de penser qu'elle doit produire un excellent effet dans toute l'Europe. Espérons-le. La lecture de l'article de M. Xavier Marmier sur les fortifications de Paris m'a aussi rassurée sur ce malheureux

(1) Dès le lendemain 9 septembre, Mme Delaroche-Vernet partait brusquement pour Saint-Pair, quittant Paris peu avant son mari, qui allait se rendre à Tours avec la Délégation diplomatique.

siège. Il me semble maintenant qu'il faudra du temps avant que l'intérieur de Paris ait à en souffrir, et, d'ici là, les Puissances peuvent et doivent intervenir. Voilà où nous en étions tout à l'heure, calmant Mme Plichta (1) qui perdait un peu la tête, Mme Saglio qui est bien inquiète de voir son père préfet de Seine-et-Oise. Nous leur avons tranquillisé l'esprit et si tous nos raisonnements sont chimériques, ce sera toujours du temps de gagné.

Ta lettre moins calme que notre esprit nous a un peu émus. Tous ces départs pour l'étranger me semblent le résultat d'une peur exagérée. Cependant, cette nuit, je pensais que le voisinage de Granville pouvait avoir quelque inconvénient. Cette ville étant ordinairement destinée à l'exportation des substances alimentaires pour Jersey et l'Angleterre, les Prussiens pourraient penser qu'il s'y trouve de grandes réserves. Et puis, toute cette campagne où paissent des vaches et des moutons en grande quantité peut tenter des gens avides et manquant de tout. Je pensais vers le 20 ou le 25, suivant le moment où nous n'aurons plus ni dépêches ni lettres, à m'en aller à Gorges si on peut y être en sûreté ou à Clermont s'il devient indispensable d'aller plus loin. Je serais bien heureuse de m'en aller à Gorges près de mon

(1) Mère de Mme Horace Delaroche, veuve d'un homme politique polonais.

amie (1) avec qui nous pourrions parler de vous; et puis, si, comme nous venons de le lire dans le *Peuple Français*, la diplomatie et quelques autres ministères étaient appelés à Tours, nous serions tout près de vous.

Madame Delaroche-Vernet à Madame Lecoq.

Saint-Pair, 14 septembre 1870.

Je reçois à l'instant une lettre de Philippe. Une partie en est biffée, ce qui prouve qu'on les ouvre.

On dit que décidément les communications vont être coupées.

Madame Delaroche-Vernet à Madame Lecoq.

Saint-Pair, 16 septembre 1870.

J'ai reçu un mot de M. Perrot ce matin m'annonçant que les appartements dont les habitants

(1) Mme Gatineau, amie intime de Mme Talbot et mère de Mme Lecoq, était la femme de M. Gatineau, secrétaire général de la mairie de Nantes. Mme Gatineau, contrairement aux prévisions de Mme Talbot, allait partir à Paris près de sa fille et devait subir avec elle les souffrances du siège.

auraient quitté Paris seraient offerts aux familles de banlieue. Je me suis hâtée de le prévenir qu'il ne fallait pas qu'on disposât du nôtre, puisque vous allez y venir (1).

On croit peu ce matin à l'heureuse issue de la mission Thiers. Qu'on en finisse! Payons ce qu'il faut! vendons notre argenterie, nos bijoux, nos meubles et chassons ces Prussiens de notre territoire!

Monsieur Talbot à Monsieur Delaroche-Vernet.

Saint-Pair, 19 septembre 1870.

Nous allons arrêter notre plan de voyage à Gorges : Avranches, Dol, Rennes, Redon, Nantes, en sont les principales étapes.

A Gorges nous attendrons les événements. Quelle en sera l'issue? Dieu seul le sait! Il me semble qu'il n'est plus au pouvoir des hommes d'en rien prévoir ni d'y rien modifier. Situation

(1) Craignant en cas de bombardement que le boulevard des Invalides ne fût trop exposé, M. et Mme Delaroche-Vernet avaient offert au commandant Lecoq l'appartement de la rue du Bac, n° 110, dans lequel ils devaient emménager au moment où la guerre avait éclaté. La famille Lecoq ne put en profiter, la rue du Bac étant elle-même trop en danger.

sans précédent dans l'histoire, les faits qui se succèdent n'offrent aucune prise à la logique. Jamais la puissance d'une volonté supérieure à l'homme ne s'est manifestée d'une manière aussi évidemment cruelle. Heureux ceux qui n'ont que des demi-malheurs à déplorer!

L'accueil que vous a fait M. Crémieux nous a été singulièrement agréable. Il me prouve, une fois de plus, que vous portez deux noms très respectés et que vous les portez dignement. Les événements douloureux que nous subissons vous auront aidé à les mettre en évidence, ainsi que les qualités propres par lesquelles vous les faites valoir.

Madame Delaroche-Vernet à Madame Lecoq.

Saint-Pair, 21 septembre 1870.

Les dernières lettres de Philippe sont tellement pressantes que nous quittons Saint-Pair après-demain, et que nous allons tout d'une traite à Nantes et de là à Gorges.

Monsieur Delaroche-Vernet à Madame Talbot.

Tours, 2 octobre 1870.

Je n'aurais jamais pu croire que nous passerions par des épreuves aussi terribles, que nous verrions notre pauvre France accablée par des revers si affreux. Quand je pense que les Prussiens entourent Paris, que toute communication est coupée, qu'en un mot les chances de l'arrivée d'un ballon sont pour nous un bonheur, il me semble rêver; mais malgré tous les efforts possibles on ne peut se réveiller et il faut malgré soi retomber dans la triste réalité et envisager en face les maux que le régime passé a accumulés sur nous. Je ne sais si vous êtes comme moi, mais si jamais un être dans ma vie m'a fait horreur depuis la catastrophe de Sedan, c'est cet Empereur qui maintenant se promène tranquillement en Allemagne tandis que nous sommes ici à faire massacrer nos armées à cause de lui. Je suis, je vous assure, bien heureux d'avoir beaucoup à faire car cela me permet de me distraire. Ce n'est pas que je pense que notre cause soit perdue, non certes; j'espère bien que nous arriverons au moins à une paix honorable. Mais sommes-nous capables d'un pareil effort et la gangrène n'a-t-elle pas détruit tout sentiment de patriotisme en nous?

Pardon, chère mère, de vous dire de si vilaines choses; mais il y a si longtemps que je n'avais causé un peu avec vous que je me suis laissé aller. Vous trouverez dans le *Moniteur* de ce soir au paragraphe « Bonnes nouvelles » des informations sur Metz qui sont parfaitement exactes et très consolantes.

Nous avons ici, à l'Archevêché (1), le général Uhrich (2) arrivé hier de Suisse. Ce matin Mme Crémieux m'a présenté à lui et je vous avoue que j'ai ressenti une véritable émotion en me trouvant face à face avec ce vaillant officier. Dans la journée, les habitants et habitantes de Tours ont envahi la cour et le jardin de l'archevêque aux cris de « Vive Uhrich! ». Le général, obligé de sortir, a été dans la foule, au milieu des acclamations, donner des poignées de main à tout le monde. Puis, ramené par le secrétaire particulier de Crémieux, il est monté à une fenêtre du premier et de là a remercié

(1) C'est à l'Archevêché qu'était installé le ministère des affaires étrangères.

(2) Le général Uhrich avait défendu Strasbourg, bombardé depuis le 23 août. Il avait cru devoir capituler le 28 septembre 1870. Après avoir été considéré comme un héros, le général Uhrich lorsqu'il fut traduit devant un conseil de guerre se vit très sévèrement blâmé pour avoir rendu la ville quand les habitants avaient encore des vivres et les soldats des munitions.

la foule en des termes émus. Après lui M. Crémieux a pris la parole et dans des termes très chaleureux a fait l'éloge du général en disant qu'il était de ces hommes qui ne périssaient jamais car son souvenir était pour toujours imprimé sur notre drapeau à côté des noms de l'Alsace et de la Lorraine. Il a ensuite exhorté tout le monde à la plus grande concorde en demandant que toutes les opinions *disparussent pour faire place à la grande religion, celle de l'amour de la patrie et du drapeau aux trois couleurs.* On pleurait, on criait, on applaudissait, l'émotion avait gagné tout le monde et, pour ma part, à plusieurs moments, je me suis senti la gorge serrée.

Quant aux nouvelles de Paris, le peu que nous en avons présente la situation comme bonne. La capitale est pleine d'énergie; mais la question est de savoir si nous pourrons aller à son secours et faire une diversion sur les derrières des ennemis. Pour l'instant je ne crois pas qu'il y ait de leur part une grande action; gagnons du temps et peut-être verrons-nous les revers passer dans le camp des Prussiens. Dieu le veuille!...

Madame Talbot à Monsieur Delaroche-Vernet.

Gorges, 5 octobre 1870.

Votre lettre est venue combler le vide que nous a fait le départ de Marie et d'Horace (1). Ces jours-là, il semble qu'on vit dans les ténèbres et le cœur et l'esprit en sont tout attristés.

Le récit de la chaleureuse manifestation faite au général Uhrich nous a vivement émus. On a encore en France l'admiration du patriotisme, du sacrifice, du devoir accompli; mais, malheureusement, l'enthousiasme pour ce qui est beau et bien n'enfante plus un courage actif qui pousse les hommes à marcher au secours de la patrie, et ne crée pas des généraux pour guider une armée décidée à vaincre et à chasser l'ennemi du sol français. Il y a des moments, mon cher ami, où je me révolte contre les lenteurs apportées à la création d'une armée dans un pays comme la France. J'espère quelquefois que c'est pour agir plus sûrement et pour mieux préparer la victoire. Que Dieu entende nos vœux et nos prières! Nous avons grand besoin de son secours!

(1) Mme Delaroche-Vernet venait de partir de Gorges pour Tours avec son fils aîné, devant passer quelques jours auprès de son mari (voir la lettre suivante).

Les paroles de M. Crémieux sont nobles, belles, émouvantes, mais il faut maintenant des actions. On a tant dit : « Les environs de Paris seront le cimetière des Prussiens ! » La France va-t-elle envoyer une armée capable de secourir Paris et de vaincre? Je ne demande qu'une victoire qui permette de conclure une paix honorable.

Madame Delaroche-Vernet à Madame Talbot.

Tours, 5 octobre 1870.

En arrivant hier à deux heures et demie, j'ai aperçu mon pauvre Philippe qui était venu depuis la veille à tous les trains de nuit et de jour. Nous avons été nous dépoussiérer chez lui, rue de la Rôtisserie, en attendant qu'on pût nous loger à l'hôtel. Il s'est sauvé à son bureau et, moi et mon fils, nous sommes allés nous promener dans la ville et attendre dans le square de l'Archevêché la sortie de Philippe qui nous a ramenés. M. de Geoffroy (1) est venu me présenter ses hommages et est resté à dîner. On sert à ces messieurs, dans un petit salon

(1) Nommé ministre en Chine, M. de Geoffroy n'ayant pas encore rejoint son poste avait été emmené à Tours par M. de Chaudordy comme adjoint à la Délégation.

à part, le dîner de la table d'hôte. C'est effrayant ce qu'ils sont occupés et chaque jour la besogne augmente.

Je suis bien arrivée pour mettre la correspondance de Philippe au clair, car il reçoit de tous nos amis des lettres pour essayer d'avoir des nouvelles ou d'en faire parvenir. Je vais écrire beaucoup de billets pour le prochain ballon retournant à Paris. Arriveront-ils? Enfin, c'est une chance à courir.

Tours est on ne peut plus animé, gai et brillant. C'est incroyable. Ces messieurs affirment qu'on est trop occupé pour songer à la situation. Ils ne sont pas mécontents des nouvelles, seulement on croit que les Prussiens sont là pour tout l'hiver amplement!!!

Après le déjeuner je vais aller avec Horace voir notre tante Pujol (1), je reviendrai sans doute à l'Archevêché voir Mme Crémieux avec Philippe.

Philippe va s'occuper de savoir si papa peut voter à Gorges. Pour les traitements à toucher, il ne sait encore rien de positif, mais il doute que cela se puisse. Lui, il touche ses appointements; mais l'Instruction publique n'est pas dans les mêmes conditions...

Je viens avec Philippe de chez les Crémieux qui ont été charmants. Le général Uhrich était là;

(1) Mlle Pujol était la sœur de Mme Horace Vernet.

nous venons de causer longuement ensemble. Je suis bien contente de l'avoir vu ainsi. Il est impossible d'être plus simple, plus modeste, que ce brave général.

Madame Delaroche-Vernet à Madame Talbot.

Tours, 6 octobre 1870.

Vous voudriez des nouvelles; mais c'est une erreur de croire qu'on soit à l'abri ici des faux bruits de toute sorte. A part les renseignements diplomatiques sur les rapports extérieurs du gouvernement, au sujet desquels Philippe est de la plus grande discrétion, il n'y a pas grand'chose à dire. On assure que l'armée de la Loire est forte de quatre-vingt mille hommes. M. Bourée, un des collègues de Philippe, a eu ce matin des nouvelles de Paris. On y est au calme, résolu et uni en face de l'ennemi. Les nouvelles de Lyon sont assez mauvaises. On croit positivement que c'est M. de Moltke qui est mort.

Voici les renseignements du déjeuner de ce matin : une chose qui m'a indignée d'abord et peinée ensuite, c'est la conduite d'une foule d'hommes de connaissance. Après le départ de la délégation des affaires étrangères, M. Desprez et M. de Tamisier (1) ont dit à ceux qui restaient que leurs fonctions devenaient à peu près facultatives. Sur cette déclaration, ils sont partis pour la plupart. On cite parmi ceux qui sont restés M. Frémy, M. Rampin, M. Tiby dont la femme est dans les ambulances, et quelques autres (2). Le reste est au Havre, en Belgique ou ailleurs. Il paraît que la réaction bonapartiste a des adhérents nombreux et je vois traiter cette question avec importance. J'avoue que je n'y puis croire.

Tu n'as pas idée des termes dans lesquels sont Philippe et M. Crémieux ; je comprends l'ébahissement de ses collègues. Quand M. Thiers va être venu s'établir ici, ce sera encore bien mieux.

Madame Delaroche-Vernet à Madame Talbot.

Tours, 7 octobre 1870.

Je suis attristée d'une nouvelle qui prend de la consistance. Le gouvernement va, selon toutes probabilités, être transféré à Bordeaux, non pas à cause des Prussiens, mais pour une raison toute

(1) Le marquis de Tamisier était sous-directeur à la direction des affaires politiques.

(2) Les renseignements en question étaient incomplets : beaucoup des collègues de M. Delaroche-Vernet avaient rejoint l'armée et une plaque commémorative, posée au ministère des affaires étrangères, porte les noms de MM. Saillard, Savoy, Riottot et de Pétigny, tués à l'ennemi au cours de la campagne.

*

matérielle: il faut nécessairement qu'il siège dans la même ville que la Constituante et Tours ne peut pas contenir les sept cents membres qui la composeront. Il faut donc choisir une autre résidence et ce sera Bordeaux.

M. Charton est ici. Il est venu expliquer sa conduite au gouvernement qui lui a répondu, m'a-t-il dit, qu'il avait bien d'autres chiens à peigner.

Les zouaves pontificaux pullulent dans les rues depuis hier.

Mme Plichta va recevoir une lettre de Kazia du 2 ou 3 apportée ici par un employé des postes qui a risqué sa peau pour porter des nouvelles et qui l'a mise aujourd'hui à la poste.

J'écris des lettres sur pelure d'oignon, Philippe les expédiera, s'il y a lieu, dans le prochain ballon, parmi les dépêches du ministère.

Madame Talbot à Monsieur Delaroche-Vernet.

Gorges, 17 octobre 1870.

Nous ne savons si nous devons nous réjouir, comme nous l'avons fait des grands succès sous Paris, quand nous n'avons pas de nouvelles d'Orléans et que les dernières étaient si mauvaises.

Avec le général Bourbaki, l'armée de la Loire va-t-elle se montrer et forcer les Prussiens à se replier sur Paris? Le siège est moins inquiétant, moins effrayant que de voir chaque jour ces affreux Prussiens envahir les villes, les campagnes, chassant une population affolée et une armée qui laisse tout faire. C'est à n'y rien comprendre; l'on se sent tout révolté, tout irrité et, chaque jour, on espère une nouvelle direction, une autre impulsion; mais, jusqu'à présent, il n'y a eu que déceptions.

Gambetta, Bourbaki et Kératry, voilà des noms qui inspiraient une certaine confiance pour les mesures promptes et énergiques; mais déjà le temps semble long sans apprendre rien de ce qu'ils peuvent faire. Vous allez peut-être rire de moi, de mon impatience; mais, mon cher ami, je crois que tout le monde est comme moi, et on voudrait apprendre moins sur les Prussiens et plus sur les Français.

Monsieur Talbot à Monsieur Delaroche-Vernet.

Gorges, 22 octobre 1870.

Je vous remercie bien cordialement de l'envoi du *Journal officiel*, du dimanche 16 octobre

1870 (1); ce sera, plus tard, dans mes archives bibliographiques, une pièce curieuse de l'époque du siège de Paris. Quand est-ce que celui-ci commencera et finira? C'est la question qui nous tient tous dans la plus grande perplexité. Aujourd'hui, à l'heure même où je vous écris, il semble que les nouvelles composent un ensemble en apparence plus satisfaisant, et que, malgré la bonne contenance militaire, quelques lueurs pacifiques brillent à travers les obscurités de l'horizon. Faisons des vœux pour que ce soit la première clarté du jour où la paix luira. Certes, il y aurait un cruel plaisir à rendre aux Prussiens le mal qu'ils nous font, mais c'est le payer cher de la ruine ou de la vie de tant de milliers d'hommes que coûteraient ces représailles. Et, quand on maudit la guerre au nom de la justice et de l'humanité, il faut vouloir sincèrement la paix, fût-elle avantageuse, même à l'ennemi. La France et l'Allemagne sont aux prises parce qu'il a plu à trois ou quatre coquins et à leur clique de les exciter l'une contre l'autre. Demandons au ciel, sans arrière-pensée, de faire luire aux peuples le jour où ils verront leur intérêt à secouer le joug des gredins couronnés ou titrés qui les lancent dans une lutte à laquelle ils répugnent. Je ne veux pas dire que traités comme

(1) Il s'agit d'une reproduction photographique et microscopique du *Journal officiel*.

nous le sommes par les soudards de Guillaume et de Bismarck, nous devions tendre la joue, conseiller aux armées qui se forment de rentrer chez elles; mais je hâte de mes souhaits les plus ardents l'heure où les deux peuples, unis dans une commune idée de solidarité, sinon de confraternité internationale, reprendront leurs fonctions civiles, commerciales et industrielles, dût Bismarck avec ses complices crever comme un chien d'un accès d'orgueil rentré.

En attendant, les jours se succèdent sans nous amener à la surface de notables changements.

Je suis fier pour mon département (1) de la belle conduite de Châteaudun (2), mais de pareils héroïsmes n'ont pas, malheureusement, de grandes et puissantes portées. Une seule balle à l'œil droit de Guillaume aurait un bien autre effet.

M. Waldeck-Rousseau (3), maire de Nantes, est allé mardi dernier à Tours pour avoir une conférence avec le gouvernement au sujet des fusils destinés à la garde nationale de Nantes (4), M. Ga-

(1) M. Talbot était né à Chartres le 17 août 1814.

(2) 18 octobre 1870.

(3) M. Waldeck-Rousseau, maire de Nantes, était le père de M. René Waldeck-Rousseau qui devait jouer plus tard un rôle si important dans la politique intérieure de la France.

(4) Les fusils en question arrivés à Nantes, venant d'Angleterre, étaient destinés à la garde nationale de la ville. Le gouvernement de la Défense nationale voulait les reprendre pour en armer certains régiments et la garde nationale de Bordeaux. (Lettre de M. Gatineau à Mlle I. Gatineau, 18 octobre 1870.)

tineau lui avait donné une lettre pour vous. Un contretemps ou un malentendu a fait qu'il n'a pu vous la remettre. Je regrette que cette circonstance ne vous ait pas mis en rapport avec un aussi galant homme.

Nous avons reçu ce matin une lettre de mon père (1) à la date du 23 septembre. Nous avions à loger deux mobiles chez nous.

Madame Talbot à Monsieur Delaroche-Vernet.

Gorges, 31 octobre 1870.

Nous avons été bouleversés, atterrés par la désolante nouvelle de la capitulation de Metz. Que va-t-il arriver après ce nouveau désastre ajouté à tant d'autres? Nous n'osons y penser. Malgré votre lettre d'hier si sombre, si attristée, nous nous rattachions encore aux espérances d'armistice qui nous avaient abandonnés, et que le départ de M. Thiers faisait revivre. Le train de trois heures nous a apporté la désolation, le chagrin, l'inquiétude; il a détruit ce qui pouvait nous rester encore de confiance dans les hommes et dans les événe-

(1) M. André Talbot était resté à Paris tout le temps de la guerre.

ments. Y a-t-il autre chose à faire que de se réfugier dans un endroit où l'on ne peut entendre parler de la France, de notre malheureuse France avilie par toutes ces défaites et par toutes ces capitulations? Mon mari est parti ce matin à six heures pour Nantes; il n'a pas voulu rester vis-à-vis de cette nouvelle qui le désole; il avait besoin de mouvement et je n'étais pas fâchée qu'il se trouvât avec des hommes moins impressionnés que lui par nos malheurs.

Et cependant, nous trouvons que nous avons trop longtemps à attendre pour avoir des nouvelles de l'impression que fera la capitulation de Metz sur Paris, sur le gouvernement de la Défense nationale. Va-t-on encore essayer de résister aux Prussiens, est-on en état de le faire? Si on pouvait espérer une victoire, avec quelle ardeur, quel bonheur on se mettrait sous les armes! Mais si l'on doit voir une nouvelle armée massacrée inutilement ou cernée par cette immense armée allemande, et faite prisonnière, on fait des vœux pour la cessation d'une lutte où nous sommes toujours écrasés. Que je plains ceux qui ont dans leurs mains, en ce moment, les destinées de notre pauvre France! Je ne puis, mon cher enfant, vous parler d'autre chose que de nos malheurs qui me remplissent l'esprit. Quand est-ce que nous nous reverrons et que nous pourrons parler de tout ce qui nous intéressait autrefois? On n'ose y penser.

Monsieur Delaroche-Vernet à Mme Talbot.

Tours, 2 novembre 1870.

Comme vous, je suis inquiet. L'avenir, je crains, est bien sombre et notre pauvre France bien accablée. Non seulement je suis effrayé par cette masse de Prussiens qui vient de s'augmenter encore de tout l'effectif qui se trouvait à Metz, mais les prisonniers français qui sont maintenant au nombre de deux cent cinquante mille en Allemagne me font peut-être encore plus peur. En effet, c'est une armée complète. Que Bismarck ne veuille pas traiter avec nous, qu'il signe la paix avec l'Empereur en lui faisant des conditions seulement pécuniaires, et nos soldats armés par la Prusse pourraient bien ramener la dynastie déchue. Alors, vous voyez d'ici la guerre civile, car j'espère bien que les honnêtes gens ne supporteront pas sans révolte la rentrée d'une famille qui deux fois en moins d'un siècle a jeté la France dans les plus grands malheurs. J'espère me tromper, mais sans ajouter cette calamité possible à tous nos désastres, le spectacle de nos malheurs est terriblement affligeant.

Nous apprenons que l'armistice, quoique pas encore déclaré, serait en assez bon chemin et Thiers doit être à Versailles demain matin ou même ce soir. S'il y avait du nouveau, vous le sauriez de suite, soit par Marie, soit par moi.

Madame Talbot à Madame Delaroche-Vernet (1).

Gorges, 4 novembre 1870.

Pas de lettre de Tours ce matin et bien peu de nouvelles du *Moniteur* qui promet un supplément intéressant ! Heureusement le *Phare de la Loire* est arrivé avec tous les détails sur l'affaire de Paris racontée par une lettre de M. Michel et par le journal d'hier à peu près dans les mêmes termes (2).

(1) Mme Delaroche-Vernet, rentrée le 7 octobre à Gorges, venait d'en repartir de nouveau pour passer huit jours à Tours.

(2) Dans cette lettre, M. Adrien Michel racontait les faits auxquels il avait été mêlé comme garde national au 4e bataillon. Les insurgés ont fait le 31 octobre une descente à l'Hôtel de Ville où ils ont fait prisonniers tous les membres du gouvernement de la Défense nationale, sauf Rochefort et Picard, puis Trochu et Ferry qui avaient pu s'échapper et qui donnèrent l'alarme. A 10 heures du soir le rappel a battu dans les rues de Paris, convoquant la garde nationale. Le 4e bataillon est

Le gouvernement de Paris fait voter tous les Parisiens pour savoir s'il a conservé leur confiance. On nommera aussi les maires. On fait sortir les étrangers de Paris; le siège va-t-il commencer?

M. de Kératry (1) a dit aux Nantais que dans

arrivé à l'Hôtel de Ville au milieu d'une foule immense qui encombrait la rue de Rivoli et la place de l'Hôtel-de-Ville et d'où partaient de nombreux cris de : *Vive la Commune!* Le 4e bataillon fut posté derrière l'Hôtel de Ville, devant le parvis de l'église Saint-Gervais et Saint-Protais. Les insurgés étaient encore dans l'intérieur de l'Hôtel de Ville. Il s'agissait de les en expulser pour arriver à sauver le gouvernement de la Défense nationale. L'autorité semblait hésiter à donner l'ordre de tenter l'assaut contre le monument dont toutes les portes étaient fermées. Cet assaut aurait été d'autant plus terrible qu'on avait laissé se masser sur le parvis de l'église un bataillon de la garde nationale de Belleville ou de la Villette dont plusieurs soldats étaient venus avertir les gardes nationaux dits « de l'ordre », qu'au premier coup de fusil ou à la première tentative d'attaque contre l'Hôtel de Ville, ils mitrailleraient le 4e bataillon placé à quelques mètres devant eux... Tout à coup, on entendit des cris et des hurlements dans l'intérieur de l'Hôtel de Ville : les mobiles bretons venaient d'envahir le monument par un souterrain qui existait entre la caserne Napoléon et l'Hôtel de Ville. C'est leur irruption qui provoquait ces cris et ce tumulte intérieur. Une fois dans la place, ils délivrèrent le gouvernement de la Défense nationale et ouvrirent toute grande la porte se trouvant en face du 4e bataillon qui pénétra dans l'Hôtel de Ville et assista au défilé du gouvernement qui descendait le grand escalier escorté par les Bretons. Jules Favre était en tête, les vêtements en désordre, couvert de crachats et la figure pleine de larmes. Le général Trochu arriva au moment de l'ouverture des portes et fut acclamé par les gardes nationaux qui criaient : « Conduisez-nous aux remparts! »

(1) Le comte de Kératry, après avoir été nommé préfet de police au 4-Septembre, commandait depuis le 22 octobre, en qualité de général de division, les forces mobilisées des cinq départements de Bretagne.

vingt-cinq jours les Prussiens seraient à Nantes. Grand émoi à Clisson (1).

Quelle est la vérité sur Bazaine? Plus on va, plus on est disposé à croire qu'il a trahi. Que va-t-il arriver au milieu de tous ces malheurs? Cette armée française en Prusse va-t-elle essayer une restauration bonapartiste, ou la province va-t-elle enfin agir pour marcher au secours de Paris. Je crains bien que personne ne soit en état de répondre, car je crois que les événements nous gouvernent.

Madame Delaroche-Vernet à Madame Talbot

Tours, 4 novembre 1870.

Les nouvelles contenues dans la lettre de M. Michel étaient connues ici. C'est Jules Ferry qui s'échappant de l'Hôtel de Ville a fait battre le rappel; quant à la présence de Dorian à la tête des insurgés, on affirme qu'ils le retenaient de force (2).

(1) Le bourg de Gorges où étaient M. et Mme Talbot est situé dans le canton de Clisson et à un kilomètre de cette petite ville.

(2) Le bruit courut aussi, au moment de l'affaire de l'Hôtel de Ville, qu'un parent de Dorian qui faisait partie des gardes

Un nouveau ballon est tombé hier à Angers. Cela nous promet encore des nouvelles. Quant à envoyer des lettres à Paris, M. Steenackers (1) a dit à Philippe qu'elles arriveraient aussi sûrement en les jetant dans le puits de l'Archevêché.

Un collègue de Philippe à l'étranger, qui vient de perdre sa femme, n'a pu faire rentrer le corps dans Paris. Il est si désolé de la perte qu'il a faite qu'il est décidé à se faire tuer avant deux mois. Voilà cinq fois qu'il tente de rentrer dans Paris chargé de dépêches, bravant tous les périls, sans pouvoir réussir (2). Il vient de s'engager. Quant à

nationaux de l'Ordre, trouvant un individu en haut d'un escalier, lui tournant le dos et se livrant à des démonstrations hostiles aux membres du gouvernement, lui lança un fort coup de pied qui l'envoya rouler au bas de l'escalier : on l'aida à se relever et l'on reconnut, dit-on, Dorian.

(1) M. Steenackers était, depuis le 4 septembre, directeur général des télégraphes. Il devint presque aussitôt après directeur général des postes et télégraphes.

(2) Ce collègue de M. Delaroche-Vernet était M. Flesch, mort consul général.

Voici, telle qu'il l'a racontée, une de ses tentatives infructueuses pour pénétrer dans Paris :

Déguisé en charbonnier, il avait quitté Versailles et était arrivé sans incident jusqu'à la Seine, où il avait trouvé les ponts gardés par les Prussiens qui l'empêchèrent de passer. Il se promena de long en large au bord du fleuve jusqu'à ce qu'il fût arrêté par une patrouille qui le conduisit auprès de l'officier chef de poste à qui il raconta que, parti avant le siège pour un long voyage relatif à son commerce, il se voyait dans l'impossibilité de rentrer chez lui, à Paris, et demandait un laissez-passer.

Sur l'ordre de l'officier prussien, M. Flesch fut entièrement dévêtu et l'on se mit en devoir de découdre les doublures de ses vêtements pour voir si elles ne contenaient rien de suspect.

Versailles, on y entre comme dans un moulin, et ce même monsieur a vu Horace et sa femme en parfaite santé.

Pour envoyer les dépêches à Paris on se sert de pigeons et voici le moyen employé : On écrit une grande dépêche chiffrée en gros caractères. On en tire une épreuve photographique microscopique, on la place sous l'aile du pigeon, et, arrivée à Paris, on la grandit par le même appareil. Je trouve cela merveilleux. Seulement, comme bien tu penses, les pigeons sont réservés au Gouvernement. La correspondance de M. Crémieux n'a même pas ce privilège.

Madame Talbot à Madame Delaroche-Vernet.

Gorges, 5 novembre 1870.

Mme Plichta a reçu une lettre qui dit que M. Thiers a déjeuné avec Horace à Versailles et

M. Flesch faisant remarquer à l'officier qu'il avait froid, lui demanda la permission d'allumer un des deux cigares qui étaient dans une de ses poches et lui offrit l'autre. C'est ainsi que pendant que l'on cherchait les dépêches que pouvait porter M. Flesch, lui et l'officier les fumèrent, — celles-ci photographiées sur pelure d'oignon ayant été glissées entre les feuilles de tabac des cigares. Quoiqu'on n'eût rien trouvé sur lui, M. Flesch fut renvoyé dans la direction de Versailles.

qu'on a tout lieu d'espérer qu'un armistice va être conclu.

Espérons que Paris laissera agir sagement le gouvernement, qui, il faut l'espérer, aura eu jeudi un vote d'acclamation presque universelle. Ce serait bien triste, après ces espérances qu'on accueille avec tant de bonheur, d'avoir encore une cruelle déception.

Madame Delaroche-Vernet à Madame Talbot.

Tours, 5 novembre 1870.

Dans les cercles bien informés on se dit tout bas que l'armistice est signé; on le dira sans doute tout haut demain. M. de Chaudordy retournera à Paris avec une partie de la Délégation. Peut-être laissera-t-il ici Philippe avec M. Sorel et les attachés du chiffre. Mais rien de tout cela n'est sûr; nous sommes dans l'inconnu jusqu'au cou.

En attendant, nous menons la vie très douce : hier grande soirée à la Rôtissoire (1). M. Sorel (2)

(1) Restaurant de la rue de la Rôtisserie où se réunissaient M. Delaroche-Vernet et ses collègues.

(2) Le grand historien Albert Sorel était à ce moment secrétaire d'ambassade. C'est alors qu'il se lia d'une étroite amitié avec la famille Delaroche-Vernet.

avait veillé aux apprêts : grand feu, bougies neuves, lampion dans l'escalier. Cette petite fête a commencé à sept heures; j'ai joué du piano une partie de la soirée, à neuf heures Philippe m'a ramenée ici et est parti à l'Archevêché jusqu'à minuit.

On ne croit pas à la trahison de Bazaine, Philippe moins que personne. Attendons, je ne demande pas mieux, mais je ne vois pas cet acte avec les mêmes yeux que tout le monde ici.

Quant à l'armée de la Loire, d'après l'avis du général de Paladines lui-même, nous ne pouvons livrer bataille avec nos troupes démoralisées, indisciplinées, etc., que dans des conditions dans lesquelles nous ne sommes pas encore. Il affirme que 45 000 Prussiens battront à plate couture 100 000 Français. Voilà la Grande Armée, voilà le bel orgueil national qui enfante les héros! Quelle honte!

Il passe beaucoup de troupes ici se dirigeant vers une destination non révélée. Cent éclaireurs à cheval de la légion Cathelineau sont arrivés; ils ont un drapeau en soie, ce qui fait le bonheur des badauds. Les francs-tireurs, avec tous leurs costumes d'opéra-comique, continuent à battre le pavé de Tours; ils ont l'air de chenapans finis pour la plupart et je crois qu'avec tout leur attirail de pistolets, de poignards et de couteaux dans la ceinture, ils en veulent autant à nos bourses qu'aux Prussiens.

Vous savez sans doute déjà les résultats connus des élections de jeudi : 449 000 *oui*, 49 000 *non*. On ne connaît pas encore le résultat définitif (1); mais je trouve que c'est déjà très joli. On aurait voulu l'unanimité; mais on oublie tous les rouges, les légitimistes, les bonapartistes et autres qui ne pouvaient guère voter autrement que *non*.

La levée en masse décrétée partout enfonce les portes ouvertes, puisqu'elle fait entrer dans la garde nationale tous ceux qui en faisaient déjà partie. Elle les rend mobilisables, mais ils ne seront jamais mobilisés.

Monsieur Talbot à Monsieur Delaroche-Vernet.

Gorges, 6 novembre 1870.

Mlle Charton est ici depuis vendredi. Son père doit venir la reprendre demain. L'intention de M. Charton est de se présenter aux élections pour une Constituante dans Seine-et-Oise et dans l'Yonne. Il a été, en 48, député de ce département.

(1) Le résultat définitif des votes du 3 novembre 1870 a été le suivant : 559 000 *oui* contre 62 000 *non*.

Je remercie Marie de l'envoi du *Français*. La lettre de M. de Broglie est fort juste et fort sensée.

Madame Delaroche-Vernet à Madame Talbot.

Tours, 6 novembre 1870.

Pas de nouvelles de l'armistice; je trouve que cela traîne trop en longueur. En revanche, on commence à penser que Bazaine a bien décidément trahi. Les pièces du procès ne tournent guère à sa louange et je crains d'avoir la triste satisfaction de ne m'être pas trompée.

Nous vous envoyons bien vite une lettre de Mme Perrot qui vous intéressera sûrement. Les pauvres gens comptaient comme nous tous sur M. Thiers; mais pas un mot n'a franchi les lignes avec lui. M. Desprez a écrit à Philippe une lettre charmante, mais désolée; il n'a pas eu une seule fois des nouvelles de sa femme et de ses enfants.

Aujourd'hui on parle d'une organisation superbe. Le gouvernement ferait le sacrifice d'un de ses pigeons et on appliquerait pour une fois à la correspondance privée le système de la réduction photographique dont je t'ai parlé. On ne pourra pas mettre plus de dix mots coûtant chacun cinquante centimes. Si cet envoi a lieu, il partira demain. Tu comprends qu'il y aura bien plus de demandes qu'on ne pourra en accorder; le ministère est le premier sur la liste, mais avec discrétion. Il nous faudrait un pigeon pour nous seuls et alors, sans rien marchander, nous ferions plaisir à tous nos amis.

Madame Delaroche-Vernet à Monsieur Talbot.

Tours, 7 novembre 1870.

Si ma lettre t'arrive demain, j'aurai le chagrin de t'annoncer avant les journaux que l'armistice est impossible. Les Prussiens ne voulaient rien moins que l'imposition de cette clause : *Paris ne sera pas ravitaillé pour les vingt-cinq jours de trêve.* Cette prétention monstrueuse a arrêté les négociations; toutefois je me rattache encore à une dépêche reçue hier soir par Mme Thiers de M. de Bismarck qui lui disait : « M. Thiers est en parfaite santé; il reste encore deux ou trois jours au quartier général. » Mais cette espérance m'est absolument personnelle et Mme Crémieux de chez qui je sors à l'instant la partage si peu qu'elle m'a annoncé le départ du gouvernement pour Montpellier. Ces messieurs n'ont encore aucun ordre de départ; mais cela pourrait bien venir.

Le pigeon part demain; tu n'as pas idée du nombre de lettres que Philippe vient de recevoir, le suppliant de profiter de ce moyen pour faire donner des nouvelles à de chers Parisiens.

Madame Delaroche-Vernet à Madame Talbot.

Tours, 8 novembre 1870.

Philippe n'a pas encore reçu l'ordre de boucler sa valise; mais cependant, d'après l'avis de ces messieurs, ils ne finiront pas la semaine ici. Vous pourrez donc me voir arriver un de ces jours.

Il y a des moments où Philippe est tout absorbé dans les mauvaises impressions qu'il a au bureau; il tempête et s'indigne sur cette canaille de Bazaine dont le jeu se découvre de plus en plus et que la postérité ne saura jamais assez flétrir; mais dans d'autres moments nous oublions un peu les événements pour penser beaucoup à nous et nous nous en trouvons bien.

Les dépêches ont été données hier soir et le

pigeon partira sans doute aujourd'hui même, à ce que nous a dit M. Steenackers.

Aujourd'hui je vais aller prendre Philippe pour aller chez Mme Thiers qui a demandé à me voir.

Les soirées de la Rôtissoire font du bruit dans le monde; on intrigue pour être invité.

Madame Talbot à Madame Delaroche-Vernet.

Gorges, 9 novembre 1870.

Nous sommes tous ici encore sous l'impression mauvaise causée par notre déception au sujet de l'armistice. Nous lisons les journaux d'un bout à l'autre, espérant trouver un mot de M. Thiers qui explique la cause de la rupture. Après la confiance que tous, le gouvernement, les puissances neutres paraissaient avoir dans sa conclusion, il me semble que M. Thiers devra publier un rapport sur sa mission. Le ravitaillement de Paris, cette clause première, n'a pas dû être une question inattendue qui fasse rompre au moment de conclure.

Le sort des pauvres Parisiens est bien inquiétant avec une province si égoïste; ils rient aujourd'hui de la viande de cheval et d'âne; mais dans un mois que feront-ils?

Madame Delaroche-Vernet à Madame Talbot.

Tours, 9 novembre 1870.

Le porteur de cette lettre est un grand ami d'Horace, connu depuis longtemps de Philippe, M. Théophile Funck, un Luxembourgeois des plus intelligents, distingué et intéressant (1); je suis sûre que vous serez heureuse de le voir. Il se chargera de vous parler de la situation des Versaillais qui n'a rien de déplaisant, loin de là : il vous dira l'opinion générale sur les faits actuels et, si je ne me trompe, il vous remontera, chose dont vous paraissez avoir grand besoin.

Hier quand je suis allée prendre Philippe pour nous rendre chez Mme Thiers, je l'ai trouvé avec M. de Rémusat. M. Thiers venait d'arriver. Tu comprends que nous avons remis notre visite.

(1) Né à Luxembourg, M. Funck-Brentano devait devenir professeur à l'École des sciences politiques et chef du bureau de la législation comparée au ministère des finances. En 1870, il obtint ses lettres de grande naturalisation pour des faits contés plus loin (p. 113, note 4). Comme docteur en médecine il avait été décoré pour services rendus dans les ambulances durant le siège de Metz.

Depuis que M. de Chaudordy a conversé avec le voyageur il n'a plus paru au bureau, on ne sait donc absolument rien de certain ce matin. En ville, le bruit court que les engagements près d'Orléans, favorables à nos troupes hier, nous auraient fait beaucoup de mal cette nuit; mais tu sais que les on dit sont tout ce qu'il y a de plus trompeurs.

Croiriez-vous qu'on a la preuve en main que les dépêches disant : *Bazaine et le typhus sont les fléaux des Prussiens. — Les sorties de l'armée de Metz sont toutes victorieuses. — Un grand avantage a été remporté à Courcelles par les Français* — émanaient toutes de source prussienne. Il fallait endormir la France qu'on craignait de voir s'éveiller. Cette crainte prouve que l'espionnage des Prussiens n'est pas encore arrivé à la perfection.

Pas d'ordre de départ toujours; mais il est dans l'air. M. Cartier (1) a dit hier au ministère que ces messieurs des affaires étrangères partiraient dans le train du gouvernement avec les ministres. C'est un privilège qui fera peut-être crier; mais tu n'as pas idée combien les affaires étrangères ressortent ici parmi les employés des finances et surtout de l'intérieur. Les commis de Gambetta ont tous l'air de voyous de la plus belle venue. Philippe commence à être un peu fatigué de la vie absorbante

(1) Ancien avoué à Paris, M. Cartier était attaché au gouvernement de la Défense nationale.

qu'il mène, il est attristé des événements auxquels ni lui ni personne ne voit d'issue avant bien des humiliations encore!

La mesure décrétant la levée en masse est en partie annulée par le décret établissant des bans différents dans l'appel de la garde nationale mobilisée sous les drapeaux. Mme Crémieux, qui est tout autant ministre que son mari, au moins, me disait qu'on n'avait que faire des hommes nouveaux, que l'essentiel était de tenir la France en haleine sur place sans former de nouvelles recrues.

Au dernier moment, M. Funck est retenu à Tours. Je mets donc ma lettre à la poste.

Madame Talbot à Madame Delaroche-Vernet.

Gorges, 10 novembre 1870.

Après le premier moment de déception et de découragement, nous nous reprenons à espérer et à compter sur les puissances neutres pour faire la paix. Les journaux anglais en parlent, les journaux français le répètent et je crois, ou veux croire, que quand une fois les idées de la paix ont pris quelque importance, dans des temps si malheureux, chacun veut les propager et les voir accepter de tous, afin qu'elles deviennent un fait facile à accomplir malgré les conditions mauvaises dans lesquelles la France devra se trouver.

J'en suis venue à désirer la paix, même aux dépens de notre pauvre pays qui aurait trop à souffrir de la guerre et pour lequel je n'entrevois pas de succès sérieux. Si l'armée de la Loire avait repris Orléans, si on parlait d'elle un peu plus sérieusement, alors je dirais : « Attendons encore; nous forcerons peut-être la Prusse à être moins exigeante. »

Nous comptions sur la relation de ta visite à Mme Thiers : déception! J'espère que ta lettre de demain nous annoncera que tu l'as vue, et peut-être ce qu'elle te dira pourra éclairer un peu sur ce qui s'est passé pour l'armistice et ce qui devra en résulter.

Madame Delaroche-Vernet à Madame Talbot.

Tours, 10 novembre 1870.

Rien encore de précis pour le départ; Mme Crémieux désire tant Montpellier qu'elle y a peut-être cru un peu tôt. M. Sorel m'a parlé ce matin de Bordeaux.

Nous voyons ici les gens les plus intéressants du monde; nous avons admis à la Rôtissoire un jeune homme charmant qui a fait toute la campagne en qualité d'interprète général attaché aux états-majors. Il part ce soir pour l'armée de la Loire. M. Funck qui part pour Bruxelles, avec une mission, est l'homme le plus intéressant à entendre causer. Je regrette bien qu'il lui ait été impossible d'aller à Gorges pour le moment.

Tous les hommes compétents sont d'un seul et même avis : Paris capitulera ou sera pris avant six semaines; la guerre est perdue; mais il faut encore se battre à outrance dans de petits combats partiels afin de sauver le plus d'honneur possible et d'avoir une paix moins honteuse; mais il faut éviter à tout prix une grande bataille, car nos soldats fuiront tous. Il n'y a plus d'armée, mais seulement quelques milliers d'individus démoralisés et débandés que le nom de « Prussiens » fait sauver à toutes jambes. A part cela, on croit à l'étranger que la France se relèvera épurée, plus fière que jamais, et débarrassée de la corruption qui lui a rongé la moelle.

Madame Delaroche-Vernet à Monsieur Talbot (1).

Nantes, 26 novembre 1870.

J'ai eu ce matin une lettre de Philippe d'avant-hier; il ne sait toujours rien. Mme Millet (2) m'a écrit qu'elle nous a retenu conditionnellement un appartement à Bordeaux. Philippe a fait de même à Tours, de sorte que je pense qu'au milieu de ces deux domiciles nous ne nous trouverons pas à la belle étoile. Je prends tous mes arrangements pour partir jeudi 1er décembre. D'ici là je pense que nous serons fixés.

Madame Talbot à Monsieur Talbot.

Gorges, 28 novembre 1870.

Philippe écrit qu'il a reçu beaucoup de lettres de Paris. Tout le monde est bien joyeux d'avoir

(1) M. Talbot était à Angers où il venait d'être chargé de faire au lycée l'intérim de la classe de rhétorique. Mme Talbot et Mlle Suzanne Talbot devaient le rejoindre dans les premiers jours de décembre.

(2) Mme Millet, née Benecke, femme de M. Alphonse Millet, ingénieur à la Compagnie du Midi, ami de jeunesse de M. Delaroche-Vernet. C'est près d'eux que la famille Delaroche-Vernet vécut pendant tout son séjour à Bordeaux.

des nouvelles. On dit que dans le jour Paris a son aspect accoutumé : les affaires, les concerts, les promenades semblent les mêmes. On ne souffre pas encore de la disette. M. Eugène Plon trouve qu'on vit encore très bien. Ils demandent tous que la province agisse.

Madame Talbot à Monsieur Delaroche-Vernet.

Angers, 6 décembre 1870.

Les nouvelles ce matin sont navrantes pour l'armée de la Loire (1). Que va faire le gouvernement? Qu'allez-vous faire avec Marie? La voie d'Angers à Tours est fermée pour les voyageurs; quand sera-t-elle ouverte? Si vous allez à Bordeaux, Marie pourra y aller par la Possonnière, Niort, etc. Si les trains ne sont pas supprimés au delà d'Angers, elle sera peut-être mieux placée ici pour faire en un jour le trajet jusqu'à Bordeaux.

Je n'ai pas partagé l'enthousiasme de Gambetta et votre joie après la réception des dépêches de Paris. Je suis bien désolée de ne pas avoir eu tort. Je ne voyais pas l'armée de la Loire si près de

(1) Seconde prise d'Orléans, 5 décembre 1870.

faire la jonction et surtout je ne la voyais pas assez forte sur toute sa ligne. En portant du secours à gauche, on s'est affaibli à droite; devant cette armée prussienne si formidable, il faudrait opposer une armée plus nombreuse encore pour compenser la force de ces soldats, si disciplinés, si habitués à la vie militaire. Et puis, je suis un peu inquiète de Gambetta. Je crains qu'il ne fasse de la politique et qu'il arrive à mécontenter tous les chefs de l'armée. Voyez Kératry, on dit d'Aurelle mécontent, et puis, que de généraux mis de côté dans un moment où on en a si grand besoin! Pourquoi?

Monsieur Delaroche-Vernet à Madame Talbot.

Bordeaux, 10 décembre 1870.

Je vous écris à la hâte un petit mot. Je suis ici depuis hier deux heures. Rien ne peut vous faire une idée des courses et contre-courses que j'ai été obligé de faire hier et aujourd'hui. Hier j'avais à trouver dix lits, ayant été envoyé en maréchal des logis, et aujourd'hui j'avais à trouver un local pour le ministère. Enfin, tout ayant été fait, je n'ai qu'un instant pour vous dire que je vais bien malgré toutes les tribulations du voyage et des installations. J'attends Marie que Funck est allé chercher (1). Nous serons chez les Millet, 35, rue Boudet. J'ai pris, en tout cas, des lits, pensant que peut-être vous viendriez, pour ne pas être pris au dépourvu, car en ce moment trouver un lit est impossible à Bordeaux.

La première nuit, à l'ambassade d'Angleterre, lord Lyons (2) a été le seul couché dans un lit.

Madame Delaroche-Vernet à Madame Talbot.

Niort, minuit, 10 décembre 1870.

Nous voici à Niort; les deux enfants sont couchés chacun dans un lit et je vais passer les quelques heures d'attente dans un fauteuil auprès du feu. Nous ne pouvions prendre le train de Poitiers par la raison qu'il ne prenait pas de bagages.

M. Funck est un charmant compagnon de route, causant on ne peut pas plus agréablement. Le poulet nous a rendu grandement service, car il

(1) Le 8 décembre Mme Delaroche-Vernet avait quitté Gorges et après avoir passé deux jours avec ses parents à Angers, allait rejoindre avec ses enfants M. Delaroche-Vernet à Bordeaux.

(2) Lord Lyons était ambassadeur d'Angleterre en France.

n'y a pas un buffet depuis Angers, et la bougie nous a sauvés des ténèbres, les lampes du train n'ayant pas brûlé.

Nous partons d'ici à huit heures, mais on ignore absolument quand nous serons à Poitiers et encore plus à Angoulême. Je doute que je puisse t'écrire avant Bordeaux.

Madame Delaroche-Vernet à Madame Talbot.

Poitiers, 11 décembre 1870.

Nous venons d'attendre deux heures et demie avant d'entrer en gare de Poitiers et nous avons vu le train de Bordeaux nous passer sous le nez. Nous prendrons le train de ce soir. Fort heureusement, nous avions un morceau de poulet pris à Niort pour faire manger les enfants, car il est trois heures et demie et M. Funck et moi sommes à jeun. Par bonheur les enfants sont sages et nous avons une forte dose de philosophie. Je doute que nous arrivions à Bordeaux avant demain dans l'après-midi, sauf station à Angoulême. On apporte du bouillon, je vous quitte vite, car je vous laisse à deviner mes tiraillements d'estomac.

Madame Delaroche-Vernet à Madame Talbot.

Bordeaux, 12 décembre 1870.
35, rue Boudet.

Je commence par te dire bien vite que nous sommes sains et saufs à Bordeaux. Je reprends le récit de notre voyage :

Après avoir mangé comme de malheureux affamés que nous étions, nous sommes partis M. Funck, moi et Horace, visiter Poitiers, qui est assez laid, mais où nous avons découvert une église curieuse et une superbe promenade. Nous avons pris ensuite avec un assez long retard le train pour Bordeaux qui, retard compris, devait nous y amener à minuit. Mais, arrivés à Libourne, nous avons appris qu'un train de blessés qui nous précédait avait déraillé sans accidents sérieux; mais obstruait la voie. Nous avons attendu là deux heures vingt. Je te passe sous silence le mauvais sang, les démarches de M. Funck et de moi pour nous procurer du lait à Poitiers et à Libourne pour André. Ce matin à trois heures nous étions auprès de Philippe que le déraillement mal annoncé avait mis sens dessus dessous. Nous sommes installés chez les Millet qui ont mis leur appartement au pillage pour nous y recevoir et jeudi nous descendrons dans le nôtre qui occupe le rez-de-chaussée et le premier de la maison dont les Millet ont le deuxième et le troisième. Aujourd'hui même part pour la campagne une voiture de déménagement qui va nous rapporter de chez le père de Mme Millet tout un mobilier complet. Nous allons louer de la vaisselle et de la poterie; le reste me sera prêté par le ménage Millet. Notre appartement se compose d'une superbe chambre à coucher avec cabinet de toilette, la même chose pour les enfants, plus salle à manger immense, cuisine, débarras de toutes sortes, eau partout, pour cent dix francs.

Notre location totale ne nous reviendra donc pas cher, comme tu vois. L'ameublement qui nous arrive de chez M. et Mme Benecke, parents de Mme Millet, sera aussi complet que possible.

Le moindre trou ici coûte maintenant meublé trois et quatre cents francs et on ne peut louer non meublé.

Philippe a reçu une lettre de M. Michel. Elle était allée à Christiania avec le plan de la sortie de Trochu (1). Quelle fatalité que ce retard et comme tout est bien contre nous!

Le ministère des affaires étrangères est situé

(1) Par ballon.

rue Esprit-des-Lois; c'est Philippe qui a tout organisé pour cela.

Monsieur Talbot à Monsieur Delaroche-Vernet.

Angers, 14 décembre 1870.

Qu'est-ce que M. Funck dit de la question du Luxembourg? Encore une escobarderie jésuitique de la Prusse! La voilà décidément se posant en arbitre du droit public en Europe. C'est de Berlin que partiront désormais les ukases réglant les destinées des nations occidentales. Oh! quand viendra donc le jour des représailles? Comment! nous n'aurons pas un de ces succès décisifs qui changent la face des affaires, rendent le cœur aux opprimés, font relever la tête aux abattus et courber celle des arrogants? Nous avions compté sur d'Aurelle; faut-il compter sur Chanzy, Jaurès ou Bourbaki? Je crois en Trochu et en Ducrot, mais peuvent-ils agir seuls et battre avec leurs armées ces sauterelles germaniques qui ont fondu sur nos campagnes, et auxquelles la couardise rouennaise, vraiment digne du fatalisme musulman, vient d'offrir une nouvelle moisson à dévaster? On a l'âme navrée de voir ces effets continus du régime énervant et dégradant de l'Empire, ces lèpres de badinguetisme chronique, qui s'étalent au cœur même de la patrie de Guillaume le Conquérant. Le nouveau conquérant Guillaume doit joliment s'en réjouir dans ses moustaches de moine-soldat et de sacristain casqué.

En lisant ces jours-ci quelques fragments d'études sur la littérature allemande contemporaine, et notamment sur les frères Grimm, j'ai vu que Wilhelmshœhe a été en 1808 le siège d'une belle bibliothèque appartenant à Jérôme, alors roi de Westphalie. Que rumine le neveu dans le domaine ancien de l'oncle qui s'est retiré l'un des derniers à la bataille de Waterloo et qui, s'il a persisté à ne pas mourir, selon la coquille du *Moniteur* (1), a du moins autrement cherché la mort que ne le font Badinguet et de Failly?

Madame Delaroche-Vernet à Madame Talbot.

Bordeaux, 19 décembre 1870.

Je suis bien étonnée de n'avoir pas de lettres des ballons; les nouvelles apportées par le dernier

(1) Pendant la maladie qui devait emporter le roi Jérôme, le *Moniteur* publiait chaque jour un bulletin médical. Une amélioration s'étant produite et ayant continué quelques jours, on put lire dans le journal la phrase suivante : « Le *vieux* persiste », au lieu de « le *mieux* persiste ».

sont excellentes. Philippe me les avait déjà communiquées. Jules Favre écrit que Paris est résolu, confiant, que les vivres dureront encore longtemps; ce sont de bien bonnes choses. Ici on vend trois fois par jour des petits papiers verts, rouges ou bleus, suivant l'heure de leur publication et sur lesquels on imprime trois lignes de nouvelles.

Madame Delaroche-Vernet à Madame Talbot.

Bordeaux, 20 décembre 1870.

Toutes les Affaires étrangères vont se mettre en famille; M. Bourée fait venir sa femme et sa fille, Mme de Mouy s'installe, M. de Belissen attend sa mère; on va se faire des visites comme à Paris.

La vie augmente; le sucre, que j'ai payé moi-même mardi dix-huit sous la livre, en valait hier vingt-quatre et ce matin Mme Millet a payé le sien vingt-cinq.

Hier j'ai rencontré place de la Comédie M. Parfait (1), qui a eu l'air pétrifié de me voir. Il m'a annoncé sa visite.

(1) M. Noël Parfait, ancien représentant d'Eure-et-Loir en 1848, exilé lors du coup d'État du 2-Décembre, allait se présenter aux élections de février 1871 et être élu député d'Eure-et-Loir. Il avait été le condisciple et était le meilleur ami de M. Talbot.

Avez-vous eu des nouvelles de Paris? Nous, indirectement par Mme Worms, qui a écrit hier à Philippe. Tout y est calme; son mari (1) a trois cents et quelques malades blessés et il a fait cent cinquante-deux opérations depuis la sortie du 28 novembre au 4 décembre. Elle ne dit rien de la nourriture.

Madame Delaroche-Vernet à Madame Talbot.

Bordeaux, 22 décembre 1870.

Hier soir trois des collègues de Philippe sont venus nous voir; nous menons une vie qui ressemble à celle de Paris.

M. Steenackers a donné à Philippe l'épreuve photographique microscopique du rapport de M. Thiers et de dépêches privées envoyées à Paris. Justement les nôtres y sont comprises. Il n'y a que moi dans toute notre société qui puisse les lire; le rapport a été déchiffré par deux ou trois autres myopes avec assez de peine; mais j'ai si facilement lu les dépêches que j'ai pu rendre service à M. de Chaudordy qui avait besoin de connaître exactement la teneur de deux d'entre elles.

(1) Le docteur Worms était le médecin de la famille Delaroche Vernet.

J'ai reçu une longue lettre de ma tante Pujol la veille de la prise de Tours; elle avait des blessés chez elle et nous regrettait bien.

Ici, on est persuadé en ville de l'arrivée des Prussiens; M. Millet est déjà désigné pour partir avec tout le matériel de ses ateliers; je ne sais où on le dirigera (1). Dans le monde officiel, on n'en parle pas, mais cela ne prouve absolument rien. Bordeaux dit assez haut qu'il ne se défendra pas pour tenter les Prussiens de venir redonner la chasse au gouvernement.

Le bon côté de leur descente par ici serait que vous éviteriez leur visite; j'espère encore que ni vous ni nous ne les verrons. Je les crois désireux d'aller à Indret chercher les mitrailleuses. Que deviendra la pauvre Mme Gatineau si elle apprend que son mari a maille à partir avec des uhlans, ce qui aura lieu infailliblement, puisque c'est à la mairie qu'ils se rendent d'abord.

(1) Les ateliers des chemins de fer du Midi avaient été transformés pour la fabrication du matériel de guerre. On y établissait des batteries complètes, caissons, affûts, etc., sauf les canons eux-mêmes.

Madame Delaroche-Vernet à Madame Talbot.

Bordeaux, 23 décembre 1870.

Les nouvelles d'hier soir sont bonnes, tout le monde reprend confiance; on compte sur Paris pour près de deux mois encore et pendant ce temps on voit les Prussiens abîmés par nos armées futures. On va lever au 1er janvier la classe 71.

La retraite de Tours nous rend très heureux. Bien que nous supposions, avec toute raison je crois, que votre titre d'étrangers à la ville et votre domicile chez des ouvriers étaient des gages de sécurité, nous redoutions fort cette visite désagréable à Angers. A présent je suppose qu'ils ne visent pas plus loin et que leur mouvement sur Tours n'avait pour but que de tourner Chanzy.

Hier on a pris le thé chez nous; Philippe ne va guère au ministère avant dix heures; il en revient entre minuit et une heure. Je voudrais bien qu'on installât des gardes du soir où ces messieurs iraient par moitié de deux en deux soirs. J'ai lancé ce projet avec une certaine timidité; j'espère qu'il portera des fruits, car ce serait infiniment plus agréable et je ne crois pas que les affaires en pâtiraient.

Madame Delaroche-Vernet à Madame Talbot.

Bordeaux, 24 décembre 1870, 11 h. 1/4.

Je suis désolée que les Perrot ne reçoivent pas de dépêches, nous allons encore une fois essayer d'être plus heureux. De plus, M. Bourée vient de me donner l'idée d'écrire par l'ambassade de Londres, ce que je vais faire dès demain (1). Peut-être ainsi arrivera-t-il quelque chose.

Il fait six et huit degrés au-dessous de zéro! Venez donc dans le Midi pour être gelés! Fort heureusement notre appartement est facile à chauffer et nous faisons des feux splendides.

Quoique moins grandement comme nombre de pièces, nous sommes infiniment mieux ici que vous à Angers. Nous avons cependant aussi l'in convénient de l'escalier qui est une glacière. Bordeaux n'a que deux côtés petite ville : l'absence absolue de portes cochères et de concierges. On sonne ou on frappe dans la rue, l'apppartement de la sonnette correspondante tire le cordon et la cuisinière va sur le palier crier : « Qui est là? » Inva-

(1) Une des lettres écrites le 25 décembre et envoyées par l'ambassade de Londres n'est parvenue à Paris que le 3 février 1871.

riablement on répond : « C'est moi! » — « Qui, vous? » — « La laitière, le boulanger, le décrotteur ou autre. » Le décrotteur n'est pas mis là au hasard; une domestique bordelaise ne cire pas une paire de souliers; il y a dans chaque famille un homme qui vient faire ce *gros* ouvrage.

Le second petit côté de Bordeaux est relatif aux *bouriers* que des voitures viennent prendre à des heures variables de l'après-midi. On entend des cloches assourdissantes dans la rue, aussitôt les cuisinières descendent leur boîte à ordures. Ce spectacle ayant lieu entre midi et cinq heures dans les beaux quartiers comme le nôtre n'a rien de bien élégant. A part cela, Bordeaux est une superbe ville dont les beaux quartiers valent Paris.

La fête de Noël passe tristement dans toutes les familles. Les Benecke qui font tous les ans réjouissances les ont abolies; pas d'arbres, pas d'étrennes. Pas une famille est au complet et nous qui pouvons correspondre ne sommes pas les plus à plaindre.

J'ai lu que le général Favé (1) avait été blessé. Je me demande ce qu'est devenu M. Lecoq dans ces sorties.

Les nouvelles d'aujourd'hui sont bonnes; allons-

(1) Ancien officier d'ordonnance, comme colonel, de Napoléon III, le général Favé prenait part à la défense de Paris.

nous, avec une nouvelle année, reprendre la victoire? Que Dieu le veuille!

Madame Delaroche-Vernet à Madame Talbot.

Bordeaux, 25 décembre 1870.

Il y a vingt-cinq centimètres de neige dans les rues. Elle tombe encore fine, serrée et glacée. Je suis rentrée presque morte de la messe et je me calfeutre pour la journée dans ma chambre.

Un ami de M. Sorel, M. d'Almeida, professeur à Napoléon, est attendu aujourd'hui à Bordeaux, venant de Cette où il est arrivé de Paris par ballon. Comme nous allons être heureux d'avoir des nouvelles directes des assiégés! Nous saurons une bonne fois à quoi nous en tenir au point de vue nourriture (1), car les nouvelles sont bien contra-

(1) D'après des notes prises au jour le jour pendant le siège par Mme Gatineau, voici quelques prix de denrées à cette époque : Bœuf tué en cachette et vendu hors Paris aux états-majors, 12 à 14 francs le kilogramme. A Paris, vers le milieu de décembre, un filet entier de cheval se vendait de 60 à 80 francs. Le 4 janvier un lapin domestique coûtait de 30 à 35 francs, les œufs frais étaient très rares et on les payait 2 fr. 50 pièce. Un poulet moyen revenait à 40 et 50 francs et un pigeon à 8 ou 10 francs. Le bois de chauffage se vendait 12 francs les 50 kilogrammes. Du reste les prix augmentèrent encore. Le 14 janvier les oignons valaient 6 à 7 francs le décalitre; la salade de mâche 6 à 7 francs la livre; un paquet composé de deux carottes, un navet et un

dictoires. Que deviennent nos pauvres soldats par cette température exceptionnelle? J'y pense sans cesse en me chauffant!

Madame Talbot à Madame Delaroche-Vernet.

Angers, 28 décembre 1870.

Il y a aujourd'hui une très belle proclamation de Chanzy aux Prussiens.

On dit que c'est le maréchal Mac-Mahon qui l'a désigné à Gambetta comme l'homme le plus capable de l'armée.

Madame Delaroche-Vernet à Madame Talbot.

Bordeaux, 28 décembre 1870.

Que dis-tu de ce froid de Sibérie? Ici il faut remonter à l'hiver de 1829 à 1830 pour trouver le pareil. Nous sommes glacés, les enfants pleurent de froid, le thermomètre descend à 14 et 16 degrés

poireau atteignait la somme de 6 francs! Le 23 janvier, chez Chevet, une livre de beurre frais fut vendue 32 francs. On ne pouvait pour ainsi dire plus laver ni repasser faute de combustible; le charbon valant d'ordinaire 6 à 7 francs, se vendait couramment 36 à 40 francs.

au-dessous de zéro la nuit; la Garonne charrie et avec cela le ciel est si clair, que nous en avons pour longtemps. Je suis désespérée, et, cependant, comment oser se plaindre en songeant à nos pauvres soldats? Quelle entrave pour nous que cette atroce température! Comment les Parisiens pourraient-ils entrer en campagne dans la neige glacée! Tout est contre nous.

J'ai vu hier Mme Crémieux et sa fille; *aucune* de leurs dépêches par pigeons n'est arrivée; pourtant elles savent comme moi que quelques heureux ont reçu de vraies lettres; mais ce sont des exceptions et la généralité a été encore plus malheureuse que nos amis qui ont eu des nouvelles deux fois et qui vont sans doute encore en avoir parce que Philippe a si bien « embéguiné » le préposé au chiffre qu'il va sans doute ajouter cette semaine quelques mots à une dépêche pour Jules Favre (1). Seulement ceci sera fait discrètement et d'une façon absolument exceptionnelle.

Nous travaillons pour les blessés. Nous faisons même des pantoufles et des plastrons ouatés qui sont très appréciés par les mobiles en campagne.

(1) Le chef du bureau du chiffre était M. Beguin-Billecocq. Par une curieuse coïncidence, à l'heure actuelle (avril 1912) son fils est sous-chef de ce même service à la tête duquel se trouve M. Horace Delaroche-Vernet, premier secrétaire d'ambassade, fils aîné de M. Delaroche-Vernet.

Madame Talbot à Madame Delaroche-Vernet.

Angers, 30 décembre 1870.

Ce que je dis de ce froid de Sibérie, c'est que je voudrais bien en voir la fin, surtout pour tous ces pauvres soldats qui doivent tant en souffrir, et pour les mouvements des troupes de Paris, du Nord, de la Loire, qui se trouvent retardés au moment où tout prenait, ou semblait prendre, une meilleure impulsion; et puis ce retard est peut-être bien malheureux pour Paris qui doit être pressé de sortir de la situation terrible où il se trouve. Que d'énergie il faut pour supporter tant de difficultés de toutes sortes et desquelles il doit résulter tant de souffrances!

Madame Delaroche-Vernet à Madame Sédille (1).

Bordeaux, 29 décembre 1870.

Toutes les nouvelles continuent à être bonnes; la confiance se répand partout; je lui ferme encore

(1) La grand'mère de Mme Delaroche-Vernet était à Fontenay-e-Comte auprès d'une de ses petites-filles, Mme Marc Audic.

un peu, cependant, la porte de mon for intérieur, je crains trop une déception. Le bruit court dans la ville que l'on va s'occuper de l'organisation de l'École polytechnique. Philippe devrait-il tenter des démarches pour y faire entrer papa?

Madame Delaroche-Vernet à Madame Talbot.

Bordeaux, 31 décembre 1870.

Je crois impossible que je puisse sortir demain, même en voiture, si on en trouve, avec ce verglas et cette neige épaisse de quinze centimètres.

Je vais vous envoyer un journal et je vous signale d'avance ce qu'il y a à lire.

Il y a quelques jours, à propos de l'incident des navires anglais coulés par les Prussiens (1), M. Bourée a rédigé une lettre en riant et l'a signée Odo Russel, ce que voyant M. Sorel a fait une réponse signée Bismarck et M. Bourée, voulant avoir le dernier mot, a récrit une seconde épître signée

(1) L'incident auquel il est fait allusion se passa dans un petit port sur la Seine à 17 kilomètres de Rouen, au moment où les Prussiens effectuaient le blocus de la ville. — *Les Prussiens ont coulé six bâtiments anglais à Duclair; ils ont tiré sur les équipages et les ont dévalisés. Ces bâtiments avaient une permission prussienne pour décharger du charbon.* — Times *du 27 décembre 1870.*

encore de l'envoyé anglais. Cette correspondance a beaucoup diverti le bureau et M. Funck en ayant eu connaissance l'a portée à deux journaux bordelais *sous toutes réserves* (1).

Les journaux ont mordu à la chose; le *Sémaphore* de Marseille a déjà reproduit la correspondance, tous les journaux de Bordeaux en font autant; les Anglais la donnent à leur tour à leurs abonnés. M. de Chaudordy, qui connaît la plaisanterie, et interrogé par lord Lyons, lui répond qu'il n'a aucune connaissance de l'affaire, et enfin voilà MM. les Anglais obligés de s'occuper à fond de l'incident de Duclair au sujet duquel ils ne demandaient qu'à fermer les yeux. Bien entendu ceci est sous le sceau du secret, car si on soupçonnait les auteurs de la mystification, cela serait désagréable. Nous avons bien ri, surtout ayant vu comment avait commencé la chose.

J'espère que M. d'Almeida mènera sa mission à bonne fin. J'ai su par quelques mots surpris par moi qu'il venait s'occuper de la correspondance de Paris avec la province. Ceci est encore un secret; mais je crois fort que c'est lui qui est l'inconnu dont le gouvernement patronne la tentative.

J'ai reçu enfin une lettre de Kazia. Elle me demande de lui écrire par l'entremise d'Augustine

(1) Voir appendice.

Brohan (1); mais je m'adresserai à M. Portaels (2) ou à Mme Funck (3) à Luxembourg. La voilà devenue Française, car son mari est Français depuis jeudi (4). Il va partir la semaine prochaine pour aller sur un champ de bataille.

(1) Augustine Brohan, l'actrice de la Comédie-Française dont on connaît le dévouement aux blessés pendant le siège de Paris.

(2) Peintre belge, élève de Paul Delaroche.

(3) Mme Théophile Funck, née Brentano.

(4) M. Funck s'était vu, en effet, octroyer, à la suite d'un rapport fait par M. Albert Sorel, les lettres de grande naturalisation. Il venait de rendre un immense service à l'armée : par suite d'une négligence inconcevable, l'on manquait de cartes de France, celles-ci étant restées au dépôt de Paris. M. Funck résolut d'en fournir à l'état-major de la Défense nationale en se procurant des exemplaires de celles dont se servaient les armées allemandes. Il partit pour Luxembourg et parvint, par un libraire de la ville, à faire venir directement de Gotha toutes les cartes disponibles. Habillé en paysan, conduisant une carriole rustique au fond de laquelle étaient cachés deux ou trois cents kilogrammes des précieux papiers, il franchit les lignes prussiennes et vint remettre à M. Haton de la Goupillère, membre de l'Institut, qui faisait partie du comité scientifique de la Défense, les cartes qu'il s'était procurées au péril de sa vie. Il fut accueilli comme un sauveur; son butin fut réparti entre les corps d'armée; ils en avaient besoin! l'anecdote suivante en est la preuve : au moment des combats autour de Dijon, une batterie d'artillerie vint se poster sur le mont Chapet, ayant pour mission de tirer sur la route de Langres. Le père de M. Adrien Michel, se trouvant là, en spectateur, demanda au lieutenant qui commandait sur quoi l'on tirait. L'officier lui donna des explications et M. Michel objecta que la route de Langres n'était pas dans cette direction; il y avait erreur. Le jeune lieutenant répondit qu'il était arrivé à Dijon le matin même, qu'il ne connaissait pas le pays, *qu'il n'avait pas de cartes* et qu'il serait reconnaissant à M. Michel de bien vouloir donner lui-même à ses hommes les indications nécessaires, ce qui fut fait.

Madame Delaroche-Vernet à Madame Talbot.

Bordeaux, 1er janvier 1871.

L'année commence assez mal : les nouvelles sont mauvaises; l'évacuation du plateau d'Avron est bien mauvais signe; le bombardement des forts est déplorable; où allons-nous?

Hier Philippe avait vu MM. Funck et Sorel si tristes de leur premier janvier solitaire qu'il les a amenés déjeuner.

Madame Delaroche-Vernet à Madame Talbot.

Bordeaux, 3 janvier 1871.

Nous n'avons toujours pas de lettres de Paris, non pas nous seulement, mais personne dans le ministère ou dans la ville. Supprime-t-on les correspondances particulières dans la crainte de récits peu encourageants? Il paraît que l'armée des forts est nourrie de biscuits à discrétion (1) avec *une*

(1) Ce biscuit, quoique à discrétion, n'était pas de grande ressource; rempli de vers, moisi, immangeable, il était jeté par les soldats. On cite à ce sujet l'histoire suivante survenue dans

sardine par jour pour les officiers et une *demi*-sardine pour les soldats.

Je suis sans aucune confiance. M. d'Almeida, qui voyait cependant tout en beau, nous a dit que les soldats de la ligne de Paris lâchaient pied et s'enfuyaient au premier obus, que les mobiles étaient pires encore, qu'il n'y avait que les mobilisés mariés, hommes comprenant le devoir et l'appliquant, qui tinssent contre l'ennemi. C'est à cause de cette honteuse disposition des troupes que Trochu, avec ses deux cent soixante-quinze mille hommes, ne fait pas de sorties sérieuses.

On croit Jules Favre en route pour Londres. Sortira-t-il quelque chose de cette conférence?

Je crois avoir parlé hier d'une lettre de Joseph Michel (1) peignant à Philippe la lâcheté des troupes à la déroute d'Orléans dont un peu de cœur aurait pu faire une victoire!

Tout est tombé chez nous, la nation et les indi-

un bastion pendant le bombardement. Des soldats s'étaient mis à l'abri dans ledit bastion, quand un obus vint frapper la muraille et y pénétra. L'explosion fut étouffée et les soldats n'eurent aucun mal. Après vérification, on constata que le mur était composé de deux cloisons séparées par un vide, lequel avait été comblé peu à peu depuis un temps assez long par les biscuits que les soldats y jetaient pour les faire disparaître, la cloison intérieure ne montant pas jusqu'au plafond. Ces biscuits avaient formé matelas et empêché l'explosion de faire des ravages.

(1) M. Joseph Michel, étudiant en médecine, frère de M. Adrien Michel, s'était engagé aux zouaves; il fut décoré de la médaille militaire et, après avoir été blessé, fut nommé sous-lieutenant.

vidus. Les hommes comme M. X... qui, de bonne foi, croient à un prompt succès final, me semblent tomber droit de la lune.

Madame Talbot à Madame Delaroche-Vernet.

Angers, 4 janvier 1871.

Vous êtes un peu Gambettistes pour les nouvelles : tout en beau ou tout en sombre. Chacun est bien un peu sous la même impression; mais on s'en défend tant qu'on peut quand on n'est pas si près du soleil. Ainsi tes impressions sur l'armée de la Loire ne me semblent pas justes. Quelques officiers et soldats avaient apporté ici une opinion désespérante sur cette armée; mais ils l'avaient peut-être quittée un peu hâtivement, et ils exagéraient les faits pour excuser leur retraite. Depuis, toutes les nouvelles qu'on a eues sont plus rassurantes, et les gendarmes pour contenir l'armée sont une nécessité dont on ne s'était pas caché pour empêcher les jeunes soldats de fuir au premier feu. Je crois que de tout temps ce moyen a été employé pour les recrues. Le froid me semble, en ce moment, le plus grand mal à combattre et le retard qu'il apporte dans les mouvements de Paris me paraît inquiétant. Pourvu que les forts attaqués soient en état de se défendre!

Madame Delaroche-Vernet à Madame Talbot.

Bordeaux, 8 janvier 1871.

Philippe doit vous expédier un numéro de la *Liberté* qui contient la composition de l'École polytechnique. Le premier article du journal, publié sous la rubrique *Lettre de Romorantin,* est du cru de Philippe qui a présenté sous la forme épistolaire le fait avéré du mépris des Prussiens pour le drapeau anglais.

Madame Delaroche-Vernet à Madame Talbot.

Bordeaux, 9 janvier 1871.

J'ai écrit en anglais à M. Eugène Plon (1) (le seul de nos amis qui parle cette langue), et que le beau-père de M. Odilon Barrot, à qui son titre

(1) M. Eugène Plon était le fils de l'imprimeur-éditeur Henri Plon, auquel il devait succéder.

d'Américain a permis plusieurs fois de franchir les les lignes, lui remettra peut-être. J'ai prévenu Gigia (1) que des nouvelles étaient parvenues par l'intermédiaire du *Times* et je l'ai priée dans son annonce de mettre : *Gatineau, Perrot, Talbot, Delaroche-Vernet, parfaitement.* Cela serait toujours quelque chose.

L'imprimeur des dépêches, avec lequel Philippe est bien, lui a dit hier qu'il imprimerait sur-le-champ celles qu'il lui donnerait directement, de sorte qu'il évite ainsi l'encombrement des boîtes et des bureaux, même de celui de M. Steenackers.

Sais-tu que la demoiselle Charlotte Kestner à qui tu adresses tes lettres à Mme Dornès est fille de la Charlotte Kestner de Gœthe? Autrement dit la Charlotte S... de *Werther?*

Avez-vous su la prise d'un trois-mâts par l'aviso *Augusta?* Cette capture a bouleversé cette bonne ville de Bordeaux qui se fait si peu de mauvais sang en général! D'après ce que me disait M. Parfait, et ce qui ressort de l'aspect général de la ville, c'est le tome II de Nantes. Le théâtre est plein tous les soirs; il y a grand luxe dans les rues, seulement pas un bal (2).

(1) Mme Adrien Michel, née Jackson.

(2) Sur ce même sujet Mme Delaroche-Vernet écrivait à Mme Lecoq le 12 février 1871 : « Des amis arrivant de Paris nous disent combien ils sont choqués de l'apparence de Bordeaux. Les toilettes des femmes les scandalisent; les musiques

Monsieur Talbot à Madame Delaroche-Vernet.

Angers, 10 janvier 1871.

Ta lettre du 7 (1) m'a causé un très vif plaisir. Il est loin de notre pensée à tous de t'accuser de pessimisme, mais dans la douloureuse situation où est notre pauvre France, il semble qu'on ait besoin de s'attacher plus à l'espérance qu'aux appréhensions qui paraissent même fondées. Or les peintures peu rassurantes que tu nous faisais de cette armée de la Loire sur laquelle on compte, tes mots d'agonie, de crise finale et autres notes lugubres n'étaient pas dans la gamme de l'espoir.

Je ne veux pas dire qu'il faille voir les choses en beau et se figurer que nous sortirons de cette épouvantable lutte comme d'un cauchemar, par un réveil naturel et régulier; mais puisqu'elle se prolonge, c'est que nous sommes en mesure de la soutenir, et le plus simple calcul des opinions probables conduit à penser que les Prussiens ne

militaires, les flâneries des badauds, les promenades des habitants endimanchés, tout les indigne et certes il y a de quoi. Nous avons exhalé nos sentiments de dégoût à Nantes, ton frère et moi, et je t'assure qu'ici c'est de même. L'indolence de l'Ouest, son indifférent égoïsme, son désir de jouir et d'oublier est le spectacle le plus triste. Il y a là-dessus des détails que je n'ose pas confier à ma plume, mais qui font rougir tous ceux qui ont un vieux reste de dignité et de solidarité. »

(1) Cette lettre manque.

s'usent pas moins qu'ils n'abusent de nous. Tu vois que les hôtes de *tes salons* inclinent à penser ainsi, et leur opinion ne me paraît pas aventurée.

Ce matin même, un de mes collègues, qui connaît Mme Chanzy, m'affirmait, l'ayant vue hier, que Bourbaki opérait avec un succès très réel dans les Vosges, que les derniers combats livrés par Chanzy dans la région de la Loire, sans avoir toute l'importance qu'on leur prête, étaient le prélude de quelque grande action décisive contre les Prussiens gênés, pressés, harcelés. Le même collègue, d'après une lettre qu'il a reçue de Vouziers, nous dit que les Prussiens ont quitté cette ville tout à fait préoccupés des suites de la guerre, dont ils ne prévoient pas encore l'issue et dont ils craignent un mauvais dénouement. Il y a dans tous ces faits des motifs de ne pas désespérer encore et de présumer que notre chère patrie, retrempée par le malheur, revivant à l'énergie et à la vigueur native, finira par triompher.

Madame Delaroche-Vernet à Madame Talbot.

Bordeaux, 11 janvier 1871.

Philippe va vous envoyer un journal. Vous y verrez l'arrestation et l'incarcération du maire de Versailles et de trois conseillers municipaux, dont notre ex-propriétaire, M. Lefèvre (1). A-t-on omis le nom d'Horace, ou est-il le seul épargné par une faveur qui pourrait bien lui jouer un mauvais tour aux yeux de ses concitoyens prêts déjà à lui reprocher son influence sur les Prussiens? Tout cela est bien tourmentant (2)!

La nourriture devient difficile à Versailles, les réquisitions augmentent.

Je t'ai dit que Philippe avait envoyé des dépêches remises par lui à l'imprimeur avec toutes chances de départ. Ce sont les dernières expédiées avec l'ancien tarif; les mots coûtent à présent vingt centimes; nous n'avons pas eu de chance de n'avoir pas attendu vingt-quatre heures de plus!

(1) « Nous signalons un nouveau procédé vexatoire employé par les Prussiens vis-à-vis des populations envahies. Un journal, *l'Ennemi*, nous apprend que samedi dernier, le maire de Versailles, M. Rameau, a été arrêté dans son bureau, à la mairie, sur les ordres du préfet prussien Braunschitz. Son crime est d'avoir refusé d'accumuler dans un magasin des subsistances à l'usage de l'armée prussienne. Les membres du conseil municipal ont été pour le même fait frappés d'une amende de 50 000 francs. » (*Journal de Bordeaux*, 10 janvier 1871.)

(2) M. Horace Delaroche par sa position même était obligatoirement dans une situation particulière vis-à-vis des Prussiens. Il était, en effet, à la tête des services de la Société internationale de secours aux blessés à Versailles et dirigeait toutes les ambulances. Il en profita pour protéger efficacement le château en établissant, dans les salles, des lits pour les blessés et pour les malades; il parvint même ainsi à empêcher le roi de Prusse d'y habiter comme celui-ci en avait primitivement l'intention.

Madame Talbot à Madame Delaroche-Vernet.

Angers, 12 janvier 1871.

Avec ta lettre, de nombreux détails nous sont arrivés de Paris par les journaux. Le bombardement, que nous savions du côté de Saint-Denis, a commencé du côté de Montrouge et atteint l'Odéon, Saint-Sulpice, la rue de Babylone (1).

Nous sommes tout émus, tout attristés de cette nouvelle phase du siège à laquelle on ne voulait pas croire et qui doit être bien douloureuse pour les Parisiens.

Les nouvelles de l'armée de Chanzy sont assez bonnes aujourd'hui; mais, si on ne marche pas résolument et en masse sur Paris, à quoi tout cela servira-t-il? Quels hommes que ces Prussiens! Il y a des moments où je commence à désespérer, tout en ne comprenant pas que nous qui sommes chez nous et si nombreux, nous ne parvenions pas à les chasser de notre pays.

Le dernier ballon a apporté la nouvelle que des pigeons étaient arrivés à Paris et avaient apporté des dépêches. Fasse le ciel qu'il y en ait pour nos pauvres amis!

(1) Ce bombardement a commencé sur la rive gauche le jeudi 5 janvier 1871.

Nous avons lu avec plaisir l'article de Philippe, tout en regrettant de voir les Anglais si insensibles à tout ce que les Prussiens leur font, et si peu chatouilleux à toutes les attaques des Français.

Madame Delaroche-Vernet à Madame Talbot.

Bordeaux, 12 janvier 1871.

L'atroce nouvelle nous a atterrés. Peu s'en est fallu qu'à la lecture nous fissions tous comme notre petit Horace qui a fondu en larmes. Les détails nous sont arrivés successivement; nous sommes de tous points maltraités en nos amis et pour nous-mêmes : bon papa, la rue Garancière, cette pauvre Aline, nos tableaux, les de la Berge, Buffaut, Perrot, tous y ont passé et sont encore sous le feu. J'en suis anéantie, et, quoique je n'aie cessé depuis quinze jours de préparer mon entourage à cette catastrophe, elle me trouve aussi peu préparée que possible.

Ne crois pas mes sentiments mêlés d'aucun alliage égoïste ou même personnel : nos tableaux sont sans doute à l'abri de l'incendie dans la cave (1), si notre argenterie est fondue, nous nous

(1) M. Émile Vernet-Lecomte, cousin de M. Delaroche-Vernet, avait en effet écrit par ballon qu'il se chargerait, en cas de

servirons de ruolz, voilà tout! Mais ces pauvres amis! La première dépêche ne parlait que des obus du quartier Latin. Je me suis hâtée d'écrire à M. Gatineau qu'Aline, au 110 (1), devait être à l'abri; mais à présent que nous savons toute la vérité, le péril y est aussi grand au moins que n'importe où, les obus venant juste dans une direction qui leur permet d'éclater dans notre jardin. Y a-t-il déjà de nos amis parmi les morts avoués? Pourrons-nous assez remercier le ciel d'être tous hors de péril! La rage me prend par moments! Si nos armées entrent en Allemagne, il faut qu'il ne reste pas pierre sur pierre après leur passage. Quelle infamie! La lettre de Louis Blanc si admirablement pensée et dite nous avait donné quelques minutes de consolation. Sommes-nous assez humiliés et vaincus! Quand nous nous compterons, combien serons-nous de notre cercle?

J'ai encore une chose qui me tourmente pour ces pauvres Parisiens auxquels je pense sans cesse : nous avons tout lieu de croire que le pigeon arrivé leur portait de nos nouvelles; mais les maisons sont évacuées et les dépêches seront perdues. Quel concours de tristesses! Enfin, je ne veux pas contribuer aux vôtres. Ne soyons pas

besoin, de mettre les tableaux en sûreté dans des caisses placées à la cave.

(1) Voir note 1, p. 58.

ingrats envers la Providence et soyons relativement bien heureux de notre sort. Dans quel désespoir seriez-vous, nous sachant dans Paris à l'heure actuelle?

M. de Montebello (1) part demain matin; je viens de le voir en uniforme.

Qu'amènera la fin de ce mois? Je crois qu'il sera fécond en événements. Nous en avons déjà de si douloureux, allons-nous en enregistrer d'heureux! Le mouvement vers l'Est est, selon moi, notre unique et dernière planche de salut.

Madame Talbot à Madame Delaroche-Vernet.

Angers, 13 janvier 1871.

Les nouvelles sont désolantes par ici! Hier nous attendions avec anxiété le résultat d'une bataille importante du général Chanzy et qui durait depuis deux jours; les dernières nouvelles donnaient quelque espoir. Ce matin on dit que le Mans est repris; que Chanzy recule jusqu'à Alençon (2),

(1) Le comte de Montebello, secrétaire d'ambassade, allait rejoindre l'armée de la Loire, en qualité de capitaine d'état-major.

(2) Chanzy devait même recevoir l'ordre d'aller s'établir der-

d'après l'avis d'un Conseil de guerre; que les mobilisés bretons ont refusé de marcher parce qu'ils n'avaient pas de chassepots; et dire que les Parisiens ont placé des vedettes pour entendre le canon du général Chanzy aussitôt qu'il approchera de Paris!

Les nouvelles du journal sur le bombardement sont terribles : dans la nuit du 6 au 7, je crois, un obus par deux minutes entre l'Odéon et saint Sulpice (1)! Que sont devenus les Plon dans cette nuit?

Chanzy recule pour mieux continuer les opérations, dit-on.

Madame Delaroche-Vernet à Madame Talbot.

Bordeaux, 13 janvier 1871.

Comme notre situation s'aggrave! Hier matin nous sont parvenus les détails de la défaite de Chanzy, en déroute jusqu'à Cherbourg! Gambetta est parti cette nuit pour essayer de reformer une

rière la Mayenne, contrairement à son désir de gagner Carentan pour ne pas trop s'éloigner de Paris.

(1) D'après un témoin oculaire, les canons prussiens bombardant et les forts leur répondant tiraient au total dans la proportion de trente coups par minute. (Cahiers de Mme Gatineau, 11 janvier 1871.)

armée d'ici à trois semaines ou un mois, et, pendant ce temps, Paris bombardé meurt de faim! Il paraît que pendant les deux premiers jours de combat nos troupes ont fait leur devoir; mais le troisième au matin, avant toute attaque, les mobilisés de Bretagne ont fui comme un troupeau affolé entraînant après eux toute l'armée dans laquelle, alors, les Prussiens sont entrés sans peine et sans pertes (1). Et voilà nos soldats! Voilà ce qui doit sauver la France! Hier soir, ici, il n'y avait plus que M. Funck qui, avec son grand optimisme habituel, nous déclara que tout était pour le mieux dans le meilleur des mondes et que la France allait se relever belle et prospère quand elle aurait été encore un peu plus abattue.

D'après les dernières nouvelles déchiffrées cette nuit, c'est Saint-Sulpice qui a le plus souffert; il est très endommagé, paraît-il; mais tout cela n'est que le début, et, ne pouvant attaquer la rive droite de la Seine, les Prussiens ne laisseront pas une pierre debout sur la gauche. Auteuil aussi est bombarbé. On dit que les Parisiens ne sont pas terrifiés par cette pluie d'obus; mais est-ce croyable? Et Trochu qui ne bouge pas! Qu'attend-il pour sortir? Il faut recommencer tout et cependant chaque jour est un siècle!

(1) L'excuse que l'on peut accorder aux mobilisés de Bretagne est que leur armement était des plus défectueux.

Je vais aller faire des visistes! Il faut bien vivre encore malgré la mort qu'on a dans l'âme en songeant à ce bombardement. Tous les hommes du peuple à Bordeaux disent qu'il faut cesser la guerre, qu'ils fuiront parce qu'ils ne veulent pas se faire tuer, qu'après tout on pourra aussi bien supporter l'occupation prussienne à présent qu'en 1815, que la misère est à son comble et que tous les soldats veulent déposer leurs armes.

Ne crois pas que j'aie une seule excuse pour de telles infamies, je les constate ici comme je les ai constatées à Gorges et j'en conclus que la guerre à outrance est impossible et n'aura pas lieu.

Madame Delaroche-Vernet à Madame Talbot.

Bordeaux, 15 janvier 1871.

Les nouvelles d'hier soir sont moins douloureuses. Chanzy est un peu moins en débandade qu'il ne l'avait craint d'abord, Bourbaki réussit jusqu'à présent; mais Trochu! Je puis vous dire de source certaine mais confidentielle que le gouvernement de Paris s'indigne de son inaction; qu'il fait chaque jour des plans ingénieux et dignes d'admiration, sans en exécuter aucun; les généraux placés sous ses ordres, Ducrot en tête, murmurent, et pendant ce temps, depuis le 10, le pain est rationné à Paris (1). Ceci n'est pas encore connu, n'en parlez donc pas. La reddition n'est plus qu'une affaire de jours, et, comme le dit Mme Gatineau dans sa lettre navrante et si vraie, a-t-on créé tant de merveilles, a-t-on improvisé de si admirables moyens de défense pour ouvrir soi-même les portes à l'ennemi?

Et Paris rendu, que deviendront les Parisiens? Les Prussiens auront-ils de quoi alimenter deux millions d'individus; laisseront-ils sortir les femmes et les enfants en retenant la garnison, c'est-à-dire tous les hommes prisonniers? La tête se perd dans ces combinaisons sans issue. Cependant, le dénouement est proche; il faut préparer nos oreilles à entendre crier la reddition de Paris!

Nous ne cessons de penser à cet horrible bombardement qui peut amener la ruine de M. Plon; ses maisons situées entre Saint-Sulpice et le Luxembourg, deux point de mire, ont dû presque forcément souffrir et ses ateliers aussi.

(1) C'est par décret en date du 12 janvier que le pain a été rationné dans Paris à raison de 400 grammes par jour et par individu (300 grammes à partir du 17 janvier). Défense formelle et absolue était faite de fabriquer du pain blanc. Il ne devait y avoir qu'une seule et même qualité pour tous. « Le pain est presque noir, lourd comme du plomb, détestable au goût. » (Cahiers de Mme Gatineau, 13 janvier 1871.)

J'ai peur que nos dépêches ne soient pas arrivées; soit parce qu'elles étaient confiées à un pigeon égaré, soit parce que le porteur n'a pu les laisser dans des maisons abandonnées. Voilà qui justifie ma crainte : nous avions dit que j'étais à Bordeaux et vous à Angers; j'aurais donc eu des lettres adressées à Bordeaux par un des trois derniers ballons, et rien encore! C'est désolant et il faut vraiment renoncer à rien faire arriver si après le mal que nous nous donnons et ce que nous dépensons, nous n'avons pas plus de succès.

Nous n'envoyons que des dépêches collectives pouvant intéresser tous nos amis.

Madame Delaroche-Vernet à Mademoiselle S. Talbot.

Bordeaux, 16 janvier 1871.

Des lettres particulières publiées dans la *Liberté* et dans tous les journaux de Bordeaux, tout en disant que les dégâts sont infiniment moins sérieux qu'on ne pourrait le craindre, s'accordent à dire que la rue du Bac comprise entre la rue de Sèvres et celle de l'Université, les rues du Cherche-Midi, de Babylone, de Varenne, de Grenelle ont beaucoup souffert et que des personnes y ont été tuées dans leur lit.

Le dégel s'annonce. Je crois qu'il va tomber de la neige fondue. Quel hiver! Depuis 1829 on n'a pas vu le pareil à Bordeaux.

La dépêche du général Lecointe (1) nous a mis hier du baume dans le sang. Bourbaki continue; Chanzy qui avait cédé un moment au découragement s'est remis en ligne; il n'y a que les Parisiens qui ne fassent rien. Qu'attendent-ils? Leur dernière croûte de pain? Elle ne doit plus être bien loin, il me semble.

Il y a ici un immense mouvement de troupes; tous les habitants logent des soldats ou des officiers; les blessés sont au nombre de plus de quinze mille, je crois; mais la ville est si grande que cela paraît peu. On crie beaucoup et avec raison parce que le gouvernement a requis deux églises et un temple pour y loger des soldats, tandis que tous les théâtres sont ouverts et qu'on y joue tous les soirs devant une salle comble. Cela indigne les Bordelais honnêtes et je le comprends bien.

Philippe doit écrire aujourd'hui à papa pour lui envoyer la traduction de beaux vers allemands

(1) Le général Lecointe qui reprit, le 8 décembre 1870, Saint-Quentin aux Prussiens et avait, le 3 janvier 1871, fait reculer la division Kummer jusqu'à Bapaume et venait encore de remporter un petit avantage.

inspirés par les événements actuels à un Prussien honnête homme. On dit qu'il y en a (1).

Je n'ai pas besoin de vous recommander de m'envoyer la moindre nouvelle reçue de Paris. J'en ai soif, je vous assure.

Madame Talbot à Madame Delaroche-Vernet.

Angers, 17 janvier 1871.

Voici une lettre de Mme Perrot qui nous montre qu'elle a vu sans trop d'effroi le commencement du bombardement. Elle semble assez philosophe au sujet de la nourriture et ne paraît pas préoccupée du pain rationné. Nous savions depuis quelques jours qu'on avait pris cette mesure; mais seulement, disait le journal, à cause de la difficulté de la mouture. Je comprends son effroi pour les jours de garde de son mari, car le *Phare* nous apprend ce matin la mort d'un jeune mobile coupé en deux par un obus au fort d'Issy. C'est effrayant! Et la levée des hommes mariés de vingt-cinq à quarante ans, que va-t-elle laisser? Ici la panique est grande; on croyait les Prussiens à cinq lieues ce matin.

(1) Ces vers n'ont pu être retrouvés.

Beaucoup de personnes partent. Il y a un mouvement de troupes extraordinaire la nuit et le jour. On envoie des hommes au général Chanzy ; en outre je crois qu'Angers ne devant pas être défendu, on n'y laissera pas de sodats. A moins de besoin de réquisitions, je ne vois pas ce que les Prussiens viendraient faire ici. Ils s'éloigneraient beaucoup des armées de Chanzy qui se replient du côté de Laval.

Tu comprends bien que je ne me fais pas d'émotion de ce qui pourra arriver; on a bien assez du présent.

Madame Delaroche-Vernet à Madame Talbot.

Bordeaux, 17 janvier 1871.

Si le nouveau ballon, *le Davy,* qui devait nous apporter la nouvelle de la sortie générale et qui nous apprend seulement que Paris est calme et résolu, n'a pas de lettres pour nous, il y aura lieu de bien se tourmenter.

Hier, j'ai écrit très longuement à Aline par M. Odilon Barrot qui est parti à Londres et espère faire parvenir ma lettre par l'entremise d'Américains. Est-ce une cinquante-neuvième tentative malheureuse (1)? C'est probable. T'ai-je dit que Gigia avait fait insérer des annonces pour elle et pour nous dans le *Times* auquel son caractère prussien ouvre les portes de Paris? Rien n'aura été négligé, mais nous nous heurtons contre l'impossible.

Chanzy se reforme, Faidherbe ne dit rien, Bourbaki paraît effrayé, Paris reste chez lui; qu'attendre de toutes ces inactions? Le calme est difficile à garder.

Tu me parles de la levée des hommes mariés

(1) Cette lettre est arrivée le 3 février, par conséquent après l'ouverture de Paris, en même temps qu'une autre du 8 janvier; ce chiffre de 59 n'est pas mis au hasard, c'était exactement le nombre des tentatives faites pour correspondre avec Mme Lecoq jusqu'à cette date. Il devait y avoir encore dix essais avant l'ouverture de Paris à la correspondance.

Parmi les moyens employés par M. et Mme Delaroche-Vernet, il est intéressant de citer une lettre remise à un messager qui a pu traverser les lignes prussiennes. Cette lettre, sur papier pelure, datée du 28 septembre 1870, est parvenue à son adresse le 19 octobre cachée entre les cuirs de la semelle d'un soulier du porteur.

On essaya aussi de correspondre par l'ambassade de Turquie. Voici, en effet, une lettre reçue le 4 février 1871 par le commandant Lecoq : « Monsieur, je trouve dans mon courrier de Bordeaux la phrase suivante vous concernant : *Lecoq, 18, boulevard Invalides. Nantes parfaitement. — Ecrivez. — Marie Bordeaux avec moi.* Agréez, monsieur, mes civilités empressées. L'attaché à l'ambassade de Turquie. — Husny bey. »

Enfin, voici exactement le sort des soixante-neuf lettres expédiées : trois sont parvenues pendant l'investissement : une du 28 septembre arrivée le 19 octobre et dont il est question ci-dessus; une par pigeon partie le 9 novembre et reçue le 17 ; la dernière partie de Bordeaux le 2 janvier et reçue le 26 du même mois. Des soixante-six autres, quinze seulement sont arrivées et à des dates diverses, après le 3 février, jour de la reprise du service de la poste.

jusqu'à quarante ans. Hier aussi le bruit en courait dans Bordeaux. C'est étrange que la même rumeur erronée circule dans les deux villes à la fois. Philippe assure qu'il ne serait pas étonné que ce fût un des tours de ces abominables Prussiens qui cherchent à répandre l'inquiétude.

Madame Talbot à Madame Delaroche-Vernet.

Angers, 18 janvier 1871.

Quelle panique, grand Dieu! on n'entend parler que Prussiens, départ. On dit que c'est presque un sauve-qui-peut.

Ces Prussiens qui étaient à douze lieues, en grand nombre, se réduisent à une centaine et encore on n'est pas bien certain de les avoir vus. Je suis cependant un peu moins convaincue que nous ne les verrons pas. Angers est une ville riche bonne à réquisitionner! Ce qui me chagrine beaucoup, c'est la perspective d'être sans nouvelles de vous. Ce doit être bien triste de rester longtemps sans entendre parler de ceux qu'on aime!

Madame Delaroche-Vernet à Madame Talbot.

Bordeaux, 19 janvier 1871.

Les nouvelles hier étaient bien mauvaises de partout. Je crois que Bourbaki nous prépare l'annonce d'une défaite pour aujourd'hui ou demain. Chanzy !!! Faidherbe n'enfonce que les portes ouvertes et il circulait de bien mauvais bruits, non vérifiés, d'une sortie malheureuse de Paris. L'ouverture de la conférence de Londres est le dernier soufflet que nous donnent les neutres et cela prouve à quel point on tient peu à nous sortir de peine, puisque ce procédé qui leur coûtait si peu a été mis de côté. Cela m'a indignée !

Depuis le 10 janvier, aucun journal, aucune lettre de l'Angleterre n'a pénétré dans Bordeaux, pas même les documents officiels. C'est sans doute que la prise du Mans est arrivée avant que le service par bateau fût organisé.

Avez-vous lu dans les journaux d'Angers une liste reproduite du *Gaulois* contenant les noms de personnes restées à Paris et désirant donner de leurs nouvelles aux amis de province dont elles ignorent l'adresse ?

Madame Talbot à Madame Delaroche-Vernet.

Angers, 21 janvier 1871.

La ville d'Angers, après tout le mouvement du sauve-qui-peut, est morne et déserte et je commence à ne plus ressentir la légère atteinte du mal contagieux de la peur pour lequel je me croyais invulnérable.

Tu dois bien comprendre que la peur des Angevins a eu une cause : après la prise du Mans des uhlans et un corps d'au moins cent hommes se sont avancés jusqu'à moitié chemin d'Angers en disant qu'ils allaient revenir plus nombreux. Maintenant on dit qu'ils iront peut-être à Nantes avant d'aller à Angers; mais comme ils sont à Tours, et que le chemin de fer ne va plus que jusqu'à Saumur, on se trouve entre deux feux peu agréables.

Pourvu que les Prussiens n'aient pas le désir de prendre l'embranchement de la Possonnière qui relie la Bretagne à Bordeaux... Tant que j'aurai des lettres, l'isolement me sera facile à supporter, mais après ce sera bien triste!

Madame Delaroche-Vernet à Madame Talbot.

Bordeaux, 21 janvier 1871.

Philippe a fait passer des nouvelles à Paris par un Italien et un Espagnol chargés par leurs gouvernements respectifs d'aller chercher leurs nationaux à Paris. Cela me paraît assez sûr.

Philippe, qui a passé la nuit au ministère, a déchiffré une dépêche de notre chargé d'affaires à Londres (1), lequel annonce qu'il vient d'apprendre une sortie en masse et victorieuse des Parisiens entre le Mont-Valérien et Versailles. Ceci est *absolument confidentiel* (2).

Madame Delaroche-Vernet à Madame Talbot.

Bordeaux, 21 janvier 1871.

Permets-nous de te dire notre façon de penser : puisque Jeanne (3) offre un asile sûr à bonne-maman et à Suzanne, nous vous supplions de l'ac-

(1) M. Charles Tissot, secrétaire d'ambassade de première classe à Londres depuis 1869.

(2) Bataille de Montretout, 19 janvier 1871.

(3) Mme Marc Audic, petite-fille de Mme Sédille.

cepter. Vous seriez peut-être désolés de les avoir avec vous en cas d'entrée des Prussiens et il vaut mieux faire un voyage inutile que de ne l'avoir pas fait en temps voulu.

Je viens de voir à l'instant Mme Benecke qui a causé longuement avec un pasteur, M. Delmas, arrivé d'Orléans avec une ambulance. Les Prussiens sont on ne peut plus inconvenants avec les jeunes filles : dans une maison des mieux de la ville, ils ont obligé les deux filles à les servir à table à peine vêtues. Cela a mis le père dans le cas de donner un soufflet à l'un d'entre eux qui l'a fait enfermer à la cave. Il y a comme cela mille faits qui rendent préférable l'éloignement de Suzanne et de bonne-maman.

Madame Delaroche-Vernet à Madame Talbot.

Bordeaux, 22 janvier 1871.

La nouvelle de la sortie de Paris a été colportée dans les rues hier à dix heures du soir; je compte absolument sur elle pour empêcher les Prussiens d'entrer dans Angers. Ils vont voir qu'ils ne peuvent impunément se répandre comme ils le font et dégarnir Paris.

Nous avons lu dans les journaux de Bordeaux qu'Angers avait voté deux cent mille francs pour la défense de la ville. J'ai dit trop de mal de Rouen et autres pour ne pas approuver cette mesure, mais j'aurais peut-être préféré qu'elle fût prise par une autre ville. Au surplus, on ne sait que croire, car ils se sont fort mal conduits à Rouen.

Monsieur Delaroche-Vernet à Monsieur Talbot.

Bordeaux, 22 janvier 1871.

L'affaire aurait eu lieu entre Versailles et le Mont-Valérien et nos troupes auraient couché jeudi soir sur le terrain conquis (1). Vendredi, dit-on, la bataille aurait recommencé, mais nous n'avons aucun détail. Cette nouvelle nous est venue de Londres.

(1) Il n'en était malheureusement rien : les Français durent se replier le soir sur Paris. M. Adrien Michel qui passait ce jour-là sur la place de l'Hôtel-de-Ville, rencontra des groupes de mobiles bretons qui revenaient de se battre et chantaient le vieil air de *M. de Charette*. Il interrogea ces soldats sur ce qui s'était passé; l'un deux raconta la bataille, puis il ajouta : *Ah! monsieur, nous avons si bien travaillé! quel malheur que tout ait été inutile!*

Dans quelle anxiété nous sommes! Pauvre Paris! Quelle défense, mais que de souffrances il aura endurées! Quant aux suites de la guerre, ici on est décidé à la continuer quand même. Paris capitulant, on veut renvoyer renfort sur renfort à nos trois armées et sinon battre les Prussiens et les chasser à force de victoires, du moins les anéantir les uns après les autres, couper leurs vivres, leurs ravitaillements, en un mot les lasser et leur rendre l'occupation tellement impossible en usant leurs forces, même dans des combats à la suite desquels nous reculerions, qu'ils seraient forcés d'évacuer notre territoire. Tel est l'avis prédominant ici. Pourra-t-on y donner suite et les populations accepteront-elles de combattre, quoique battues? On le pense.

Dans tout le Midi dont la plupart des mobilisés et même de la mobile ne sont pas encore partis, il y aurait une réserve très considérable. En outre, nous avons la classe de 1871 qui nous donnerait dans les cent cinquante mille hommes. On a craint que les mobilisés ne veuillent pas partir; mais ceux de Marseille sont déjà en route et ils ont quitté leurs foyers sans difficulté. Espérons. C'est tout ce que nous pouvons dire.

Pour ma part je ne puis croire à l'écrasement absolu; je ne puis m'imaginer qu'avec au moins cinq cent mille hommes sous les armes nous n'arrivions pas à un moment donné à prendre le dessus et une revanche terrible; d'autant plus que tous les jours nos armées augmentent et, même battues, comme l'a été Chanzy, elles se reforment, puisque dans une dizaine de jours Chanzy sera de nouveau prêt. On peut dire que nos soldats ne sont pas fameux; mais il n'est pas possible que les Prussiens négligent cent cinquante mille hommes au moins. Il leur faut donc garder cette armée, l'empêcher d'avancer et lui opposer environ cent mille hommes. Faidherbe a de soixante à quatre-vingt mille soldats : il en faut autant contre lui; Bourbaki a, en ce moment, comme adversaires cent quarante mille hommes. Cela fait donc en tout, hors de l'investissement de Paris, au moins trois cent vingt mille Prussiens. Ajoutez à cela les troupes d'Orléans, celles chargées de maintenir les communications avec l'Allemagne, etc., etc., sur les cinq cent vingt-deux mille Prussiens actuellement en France, on peut dire avec certitude qu'il n'y a pas plus de cent cinquante à cent soixante mille hommes autour de Paris. Ceci est pour en arriver à vous dire que la nouvelle de notre succès à Paris est très possible. On me dit à l'instant que les Parisiens seraient à Saint-Germain; mais que croire au milieu de tous ces bruits?

La sortie est certaine, le résultat du premier

jour est avéré; quant à Saint-Germain, c'est un bruit qui vient des bureaux du *Moniteur*.

Madame Talbot à Madame Delaroche-Vernet.

Angers, 23 janvier 1871.

On dit que les Prussiens ont quitté la Flèche et Segré et qu'ils ont rétrogradé, mais reviendront-ils? Nous sommes dans l'inconnu et nous avons continuellement les nouvelles les plus contradictoires. On a envoyé des troupes à six et huit lieues au nord pour défendre le département. Hier a eu lieu une grande revue de la garde nationale et le préfet a fait appel au patriotisme des volontaires pour la défense de la ville. On dit qu'il a été hué, qu'on a crié : *A bas le préfet! Enlevez le préfet! Qu'il aille se battre, on verra!* Les habitants sont désolés de la défense; ils disent que pour se venger les Prussiens pilleront, brûleront tout. On n'a jamais vu une couardise pareille!

Il y a bien du vrai cependant dans ce qu'ils disent. Si on ne peut faire une défense sérieuse, il vaut mieux ne pas aller faire tuer quelques milliers de gardes nationaux mal équipés, ne sachant pas tenir leurs fusils.

On a affiché à la Préfecture aujourd'hui « la grande sortie de Paris du côté du Mont-Valérien » ; mais on ne dit rien de plus. C'est une dépêche prussienne. On parle aussi de grands combats à Dijon où nous aurions été victorieux (1). On ajoute que l'armée de Chanzy est reformée et qu'il est tout prêt à marcher et à mettre à exécution le plan qu'il a fait. Que d'alternatives de découragement et d'espérance! On est étonné de n'y pas perdre toutes ses forces morales!

Madame Delaroche-Vernet à Madame Talbot.

Bordeaux, 24 janvier 1871.

Si nous en croyons les dépêches d'hier les Prussiens auraient disparu de la Flèche et des environs.

J'ai reçu une lettre de Marie Nourrit (2) qui me répète ce que tu m'as dit du calme de ces messieurs (3) sous les obus. Ils ont reçu, à trois jours de distance, deux télégrammes, mais vieux de

(1) Combats soutenus par Garibaldi autour de Dijon (20 janvier 1871 et jours suivants).

(2) Fille de M. Henri Plon et femme de M. Robert Nourrit, avocat au conseil d'Etat et à la Cour de cassation. Ce dernier devait devenir l'associé et le collaborateur de M. Eugène Plon, son beau-frère.

(3) MM. Henri et Eugène Plon et M. Robert Nourrit.

deux mois! Un nouveau pigeon est arrivé dans Paris; portera-t-il enfin des nouvelles à nos amis, de même que le dernier ballon qui est venu nous apporter le rapport du général Trochu (1)?

Hier, j'ai reçu la visite de M. Parfait. Pour la première fois j'ai vu qu'il a perdu un peu de son robuste espoir; le rapport de Trochu lui donne de l'inquiétude. Par un effet bizarre, moi qui vois tout en noir, je n'ai pas une mauvaise impression de ce rapport. D'abord je sais qu'on dit Trochu pessimiste, ce qu'il dit bon est bon; ce qu'il déclare mauvais l'est peut-être moins qu'on ne pourrait le croire. Le silence des journaux prussiens sur les effets de la sortie de Paris me semble ce qu'il y a de meilleur pour nous. Enfin, j'ai beaucoup de peine à fermer mes oreilles aux bruits qui couraient hier soir du débloquement de Belfort et de la prise de Saint-Germain par les Parisiens. Pendant ce temps, d'autres bruits courent de la retraite de Chanzy sur Brest et de celle de Bourbaki sur Lyon. Que croire de tout cela? Cela dépend de l'impression du moment et nous en changeons plusieurs fois par jour, comme vous devez le faire.

(1) Ce rapport annonçait à Paris la triste terminaison des combats de Montretout et de Buzenval.

Madame Talbot à Madame Delaroche-Vernet.

Angers, 25 janvier 1871.

Pas de dépêches qui nous apportent des nouvelles de Paris! Avec quelle anxiété on les attend! On nous donne dans le journal une dépêche du roi de Prusse à Augusta, du vendredi, qui semble moins affirmative que celles qu'il écrit ordinairement : « Nous *espérons* la victoire. » Puisse-t-il être déçu dans ses espérances!

Les Prussiens reculent au lieu d'avancer vers Angers : Tours n'en possède plus que quatre cents, dit-on. C'est la sortie de Paris qui fait faire certainement ce mouvement en arrière.

Madame Delaroche-Vernet à Madame Talbot.

Bordeaux, 25 janvier 1871.

Par voie prussienne, Philippe a su cette nuit que les Parisiens étaient rentrés. Faidherbe est reculé de Saint-Quentin à Lille; on ne sait rien de Bourbaki.

Figurez-vous que lorsque Jules Favre s'est plaint à de Moltke qu'on bombardait les hôpitaux, ce misérable a répondu qu'à une si grande distance il était bien difficile de pointer avec certitude; mais que, comme prochainement on tirerait de plus près, on pouvait être assuré que les hôpitaux et les ambulances seraient respectés. Cette outrecuidance me fait bondir. Et la conduite de Bismarck pour le sauf-conduit de Jules Favre ! Et leur réponse aux Suisses et Italiens habitant Paris ! Cet orgueil-là les perdra. C'est ma seule consolation.

Madame Delaroche-Vernet à Monsieur Talbot.

Bordeaux, 26 janvier 1871.

Les nouvelles du dehors sont bien mauvaises; des lettres reçues par Philippe et quelques-uns de ses amis de la délégation, de leurs collègues de Paris, disent que l'agonie a commencé, que Trochu a perdu toute popularité, que Ducrot est peu aimé, que Vinoy seul a la confiance. On rencontre, paraît-il, des êtres errants, affamés, mais on traite toujours le bombardement avec légèreté. Nous touchons évidemment au dénouement; j'en éprouve une sorte de soulagement douloureux;

assez de souffrances, assez de sang versé, reprenons haleine et remettons à plus tard la vengeance s'il le faut.

Madame Talbot à Madame Delaroche-Vernet.

Angers, 27 janvier 1871.

Je viens de recevoir la longue visite de M. Beulé (1). Il est agréable, un peu important et très pessimiste. « Les Prussiens iront dans toute la France, dit-il, et Paris se rendra quand on n'aura plus de subsistances. Quant aux sorties, elles sont impossibles quand on a laissé quatre mois à l'ennemi pour se fortifier. Pour la même raison, Paris est imprenable autrement que par la famine. » Il y a du vrai, mais c'est triste. Comme bien d'autres, il déplore le gouvernement par un avocat et toute une suite plus ou moins honnête ou incapable. Il reste à Angers, aimant autant subir les Prussiens là qu'ailleurs!

Quelles tristes nouvelles tu nous donnes de Paris et du Nord! Pourvu qu'elles ne soient pas confir-

(1) Membre de l'Académie des inscriptions et belles-lettres, et secrétaire perpétuel de l'Académie des beaux-arts, M. Beulé était à Angers pour poser sa candidature comme représentant du département de Maine-et-Loire à l'Assemblée nationale.

mées! Le journal nous annonce que Sablé est occupé par deux mille hommes et qu'il y a à la Flèche des engagements d'avant-postes. Les troupes envoyées suffiront-elles à arrêter les Prussiens? Un des inspecteurs de la gare demeure dans la maison que nous allons habiter. Ses malles sont faites. Son départ sera pour nous le signal de l'arrivée de l'ennemi. Si je peux, je lui donnerai une lettre faite d'avance qui vous dira tout de suite que les communications sont coupées. Je pense que l'administration reculera vers Niort.

Madame Delaroche-Vernet à Madame Talbot.

Bordeaux, 27 janvier 1871.

Nous doutons ici, même les optimistes, que Paris résiste longtemps. C'est une affaire de jours, d'heures peut-être. Des lettres reçues de Paris, écrites par M. Tiby et quelques autres hommes qui voient les choses froidement, ne laissent aucune illusion. On voit dans les rues, paraît-il, des hommes décharnés, des femmes hâves, demandant du pain; on sent que la faim est partout. C'est horrible à penser.

Madame Delaroche-Vernet à Monsieur Talbot.

Bordeaux, 28 janvier 1871.

Les nouvelles de ce matin sont déplorables; l'émeute est dans Paris, on devait s'y attendre (1). M. Worms a écrit à sa femme que le Louvre et les Tuileries étaient transformés en hôpitaux, vu le nombre croissant de malades et de blessés.

M. Michel a écrit le 21 à sa femme que les gardes nationaux aimaient mieux aller mourir en combattant que de mourir de faim.

Je viens de recevoir une lettre de ma belle-sœur; ils ont l'air calmes et heureux dans Versailles! Cette lettre est du 20.

Madame Delaroche-Vernet à Monsieur Talbot.

Bordeaux, 29 janvier 1871.

Quant aux nouvelles politiques, tu as dû savoir tout au long ce qu'elles sont : des journaux parlent

(1) Voyant la situation de Paris désespérée, les maires demandèrent au général Trochu d'abandonner le commandement en chef. Sur son refus il fut destitué et remplacé par le général Vinoy qui réprima aussitôt avec énergie un violent mouvement révolutionnaire qui s'étendait dans Belleville.

des négociations entamées à Versailles par Jules Favre; on ajoute que l'Impératrice a déjà traité avec Bismarck et le gouvernement ne réfute que mollement ces bruits. Nous touchons à la crise finale, c'est-à-dire à la guerre civile. Tu sais aussi que Bourbaki s'est suicidé, voyant son armée cernée?

M. Parfait, qui est venu hier passer une heure ici, a tout à fait perdu ses espérances, et il en arrive comme moi à désirer une paix qui est devenue inévitable, quelles qu'en soient les conditions. Nos armées ne sont plus que des débris. Paris capitule, montrant ainsi son impuissance et justifiant Bazaine, Uhrich et Napoléon. L'émeute achève de démoraliser tout; les troupes qui sont à Bordeaux déclarent ne plus vouloir se battre; un soldat a pu venir faire cette déclaration, m'a dit M. Parfait, dans une réunion publique, sans être lapidé; on ne veut plus la guerre. Et cependant, je parierais bien que si la paix est conclue, il y aura un parti pour la blâmer, pour renverser ceux qui l'auront préparée et pour suivre Gambetta ou autres dans un schisme gouvernemental. Si Napoléon IV arrive, Philippe va préparer une belle démission bien rédigée, et je conçois si bien cette façon d'agir, que je lui verrai sans regrets sacrifier s'il le faut sa carrière, plutôt que de se trouver sous cette dynastie néfaste.

Madame Talbot à Madame Delaroche-Vernet.

Angers, 30 janvier 1871.

C'est avec une bien grande émotion que nous avons reçu la nouvelle de l'armistice (1). A minuit nous en parlions encore, et toute la nuit nous avons à peine dormi en pensant à tout ce que cette dépêche promettait et faisait craindre! J'espérais que ce matin une autre dépêche nous parlerait d'autre chose que des électeurs, des élections et de la réunion d'une Chambre! Les Parisiens qui ont faim ne peuvent attendre vingt et un jours encore. Le roi de Prusse a-t-il cette fois accordé le ravitaillement qu'on a dû exiger à n'importe quelles conditions? Paris a fait son devoir assez longtemps, trop longtemps peut-être! Pourvu qu'on renvoie les femmes et les enfants!

Tout en ayant confiance dans Jules Favre et les autres, nous craignons d'apprendre les conditions de l'armistice. Quelques dépêches anglaises parlent de ravitaillement venant de Londres (2). Une lettre de Jules Simon demandait il y a longtemps des préparatifs pour ravitailler Paris. Tout

(1) L'armistice avait été signé le 28 janvier.
(2) Voir note 1, p. 184.

est-il prêt et tout pourra-t-il passer? C'est difficile d'attendre!

Madame Delaroche-Vernet à Monsieur Talbot.

Bordeaux, 30 janvier 1871.

Que dis-tu des événements? Je mets pour ma part toute fierté patriotique de côté et je me sens un grand calme au cœur en songeant qu'on ne se bat plus, que la journée ne coûtera pas la vie à des centaines d'hommes, que Paris mange (1) et ne tremble plus sous les bombes. Je vois la paix dans un mois; même avec la guerre civile à la traverse, je l'accueille parce que je me demande ce que nous allions devenir.

Les conditions ne sont pas encore connues; préparons-nous à ce qu'elles soient dures et attendons les événements. Voici l'épreuve de Gambetta : est-ce un ambitieux, est-ce un homme politique et patriote? Va-t-il accepter la cessation de

(1) Paris ne mangeait pas encore : le 30 janvier, deux jours après l'armistice, deux poulets étaient vendus 75 francs la paire. Il était en quelque sorte plus difficile de s'approvisionner. Le 7 février tout était encore rationné : pain, boucherie, bois. Ce n'est que le 9 février que fut mis en vente le premier pain blanc et que fut accordée la liberté de commerce de la boulangerie. (Cahiers de Mme Gatineau.)

la guerre, ou, fidèle à ses principes si malencontreusement et si éloquemment exprimés à Lille, va-t-il continuer seul la guerre à outrance? Voilà la pierre de touche et le nœud de la discorde civile. Je nous voudrais déjà dans six semaines; je crois qu'à cette époque nous nous retrouverons à Paris.

Pauvre Bourbaki! Il s'est désespéré quelques heures trop tôt! Sa malheureuse femme a quitté immédiatement Arcachon pour courir le rejoindre.

On prétend ici que lorsque Jules Favre a été parler à Bismarck, celui-ci lui a montré un traité de paix conclu et signé avec l'Impératrice en lui disant qu'il allait être accepté si les conditions faites à la République étaient rejetées. Cela est tout à fait vraisemblable, c'est bien un procédé à eux.

Madame Talbot à Monsieur Delaroche-Vernet.

Angers, 1er février 1871.

L'armistice nous délivre d'un grand poids qui nous oppressait. Ces défaites successives lorsqu'on attend, on désire une victoire, ces hommes tués sans que le sacrifice de leur vie ait été utile à la patrie, nous causaient des déceptions bien douloureuses, des désespoirs mortels. Mais l'armistice nous fait redouter bien des souffrances, bien des misères à Paris! Je crains que le nombre des privilégiés qui n'ont pas trop souffert du froid et de la faim ne soit bien restreint et que nos pauvres amies Gatineau n'aient pas été de ceux-là, et bien d'autres parents et amis avec elles.

Que je voudrais avoir des nouvelles! Il n'en arrive pas de Bordeaux. Que se passe-t-il donc à Paris? L'émeute a-t-elle eu le dessus? Le gouvernement de Paris ne peut-il plus faire connaître ses projets, sa volonté? On tremble en pensant à ce qui peut arriver, et après toutes les misères, toutes les souffrances d'un long siège, aurons-nous la douleur de voir la garde nationale se faisant tuer pour le rétablissement de l'ordre? Ce n'est pas sans un frémissement douloureux que l'on pense que les Prussiens sont dans nos forts.

Pauvres Parisiens, aucune douleur ne leur a été épargnée!

Quand nous reverrons-nous? Espérons que dans six semaines nous serons tous à Paris. Ce serait la preuve, peut-être, qu'aux malheurs prévus et déjà si grands il n'est pas venu s'en ajouter d'autres.

Les conditions de l'armistice données par les journaux anglais sont bien dures et nous promettent une triste paix. Cependant, je le reconnais, il vaut mieux subir tout que de voir mourir inutilement tant d'hommes si peu faits pour la guerre!

Monsieur Talbot à Monsieur Delaroche-Vernet.

Angers, 2 février 1871.

Dans quel temps vivons-nous? Jamais nous n'avons passé par une épreuve pareille. Quand on avait la guerre qui nous serrait, qui nous étreignait, on savait au moins à quoi s'en tenir. Heureux ou malheureux, les combats offraient un aliment à notre curiosité anxieuse et perplexe. L'heure actuelle ne nous apporte rien que ténèbres, obscurités, mystères impénétrables, effrayants par l'inconnu. Ce que nous savons est navrant, ce que nous ne savons pas est d'autant plus épouvantable. Vous n'avez donc rien à nous apprendre que vous ne nous écrivez rien? C'est inimaginable!

J'ai lu les journaux de Bordeaux, le *Siècle*, la *Liberté*, le *Courrier de la Gironde*, la *Gironde*, ils ne m'ont absolument rien appris que des bruits contradictoires, vagues, sans cohésion, sans consistance. Nous flottons dans une espèce de cauchemar dont le seul côté réel est la reddition plus ou moins étendue de Paris.

Pauvre Paris, si résolu, si brave, si héroïque! Où en est-il? Que s'y passe-t-il? Que devient le gouvernement? Existe-t-il encore? S'il a été remplacé, comment se fait-il que celui qui l'a culbuté ne s'annonce pas à la province? Si Bismarck est maître souverain, comment ne fait-il pas sentir son inexorable despotisme? Si le gouvernement de la Défense est resté maître de la situation, pourquoi pas un télégramme, une dépêche, un envoyé? Nous, nous perdons la tête en conjectures, en suppositions de toutes sortes. Que veut dire le mot *circulation libre* dans Paris? Va-t-on pouvoir rentrer? Ne sera-t-on autorisé à cela que pour les élections, étant électeur ou éligible, votant ou candidat? Faudra-t-il un sauf-conduit, et ce sauf-conduit donné permettra-t-il le séjour ultérieur? Si vous avez des renseignements sur ces divers points, mon cher Philippe, écrivez-moi là-dessus le plus tôt possible. Il pourrait se faire que j'eusse à retourner à Paris, ou que mon séjour à Angers se prolongeât jusqu'à plus amples détails.

Nous avons profité de l'ouverture annoncée des correspondances non cachetées avec Paris, pour écrire vite le plus de lettres que nous avons pu.

Madame Talbot à Madame Delaroche-Vernet.

Angers, 3 février 1871.

Nous attendions ta lettre avec grande impatience; nous avions espéré que nous allions avoir par toi des nouvelles de Paris et de Jules Simon qu'on disait arrivé à Bordeaux.

Nous venons de passer quatre jours sans nouvelles positives de l'armistice, de la convention de Versailles et de l'effet qu'elle avait fait sur Paris. Nous ne savions que penser! Le décret de Bordeaux sur les élections (1) comblait la mesure; heureusement, le *Moniteur* vient de rassurer à ce sujet et on dit que Jules Simon a affirmé qu'il maintiendrait l'exécution du décret de Paris. Le gouvernement de Paris a fait preuve de courage, de volonté, de dévouement à la France; en cette circonstance il fait preuve de raison, qualité bien heureuse, mais bien rare.

Je ne sais où ton père et toi vous aviez été chercher vos espérances de république modèle, et comment vous n'avez pas vu que tout ce qui a été décrété depuis quelques mois ne lui laissait aucune chance de vivre. Si, à l'exemple du gouvernement

(1) Par ce décret tous les Français suspects d'avoir soutenu l'Empire étaient inéligibles.

de Paris, celui de Tours-Bordeaux ne s'était occupé que de la défense et n'avait pas fait de la politique plus que maladroite, peut-être que tous les partis se seraient réunis pour fonder un gouvernement républicain ralliant tous les hommes ayant un peu de valeur, et capable d'organiser quelque chose de durable; mais tout ce qui s'est fait a dégoûté, je le crains, de la république les vrais républicains eux-mêmes. Ce qu'il y a de plus triste, c'est que Gambetta et les autres, peut-être, agissaient loyalement, avec dévouement et sans arrière-pensée ambitieuse. Si les honnêtes gens agissent comme ils l'ont fait, que feront les autres? On affirme que Jules Simon a dit que Paris était calme. Cela tranquillise un peu.

Nos journaux ici sont vides de nouvelles. Ils sont remplis de leurs passions et de leurs rancunes personnelles. On les lit avec irritation, dégoût, ennui. Que je voudrais lire un vrai journal sérieux comme le *Temps!*

Monsieur Delaroche-Vernet à Monsieur Talbot.

Bordeaux, 4 février 1871.

Votre lettre m'est parvenue hier matin. Je voulais vous répondre dans la journée, mais nous avons été fort occupés et je n'ai pu le faire.

Comme vous, je suis très anxieux de voir comment se terminera la crise intérieure que nous traversons en ce moment. Pour ma part, j'approuve complètement le gouvernement de Paris et je me range de son côté. Voici du reste ce que je sais de la situation; vous connaissez l'armistice, ses conditions, le passage de l'armée de Bourbaki en Suisse, et enfin le décret de Gambetta frappant d'incapacité une certaine catégorie de Français; faute grave à mon avis. Depuis, voici les faits; Jules Simon, arrivé de Paris, a avec Gambetta une conversation très orageuse (1), à ce que l'on dit, et ne peut le décider à modifier sa loi électorale. Pendant deux ou trois jours nous attendions tous; enfin a paru la protestation de Jules Simon à laquelle Gambetta, Crémieux, Fourichon, Glais-Bizoin ont répondu en disant que *le Gouvernement de Bordeaux* (et non *Délégation*) « considérant que le gouvernement de Paris n'était pas suffisamment éclairé sur l'état des esprits en province, déclare qu'il maintient son décret dans toute son intégrité ». Ajoutez à cela le départ de Crémieux pour

(1) Dans cette conversation Gambetta qualifia Simon de factieux : « Vous deviez, s'écriait Gambetta avec fureur, vous concerter avec nous; retournez à Paris, laissez-nous à Bordeaux. C'est à vous de baisser la tête et à nous de la lever. Nous n'avons pas capitulé, nous! » (Arthur CHUQUET, *la Guerre 1870-71*.)

Paris, la saisie des journaux ayant publié la lettre de Jules Simon, et un club demandant par manifestation devant l'hôtel de la Préfecture que les élections n'aient pas lieu, et vous avez une idée de la situation à Bordeaux,

Voilà, cher père, le triste gâchis dans lequel nous sommes. Jules Simon a répondu en maintenant le décret; son secrétaire est parti pour Paris et on annonce pour demain l'arrivée des deux Arago et de deux membres du gouvernement de Paris (1).

Les listes commencent à circuler; entre autres la liste des conservateurs : Thiers, duc Decazes, marquis de Lur-Saluces, Changarnier, Dufaure, Carayon-La-Tour, etc., etc. Je voterai celle-là; demain j'aurai ma liste complète. J'y ajouterai Jules Simon, d'Aurelle de Paladines, Lavertujon.

Quelle triste chose de voir notre pauvre France dans un état pareil, lancée à l'aventure dans l'inconnu, à la veille de la guerre civile pendant que l'ennemi est installé sur un bon tiers de son territoire! L'Europe, dans son coupable égoïsme, ne songe pas à une chose, c'est que dans quelques années elle aura à compter avec l'esprit envahissant de l'Allemagne, et les nations qui, aujour-

(1) Ce furent Emmanuel Arago, Garnier-Pagès et Pelletan qui allèrent à Bordeaux chargés des ordres du gouvernement de Paris.

d'hui, nous regardent froidement fouler aux pieds, sauront à leur tour ce que vaut le cœur prussien et les horreurs de l'invasion. Mais, au nom du ciel, soyons avant tout unis. Et ce qui me déchire le cœur, c'est de voir que l'ambition et l'intérêt personnel passent avant tout chez Gambetta, qu'il oublie tous les principes de liberté dont il s'était fait le champion. On en arrive réellement à croire que nous ne sommes gouvernables que par une autorité ferme et absolue et que jamais la vraie liberté ne pourra s'établir en France!

Madame Delaroche-Vernet à Monsieur Talbot.

Bordeaux, 7 février 1871.

Nous sommes dans la jubilation de la démission de Gambetta (1) et de voir que le décret de Paris a prévalu sur celui de Bordeaux. Les membres du gouvernement de Paris ont bien mérité de la patrie et il me semble que nous touchons enfin à la réalisation idéale de nos rêves au sujet d'une république libérale.

De nouvelles listes vont être distribuées ici; je

(1) Se voyant en minorité complète Gambetta avait démissionné le 6 février.

doute qu'un seul nom républicain y trouve sa place.

Madame Talbot à Monsieur Talbot.

Fontenay-le-Comte (1), 8 février.

La démission de Gambetta nous a causé à tous une grande joie. La paix devra sortir maintenant des élections qui vont se faire; et malgré toute la douleur que causera la paix qui sera conclue, on sent si bien que la France est incapable de vaincre en ce moment, que l'on ne pourrait voir continuer une guerre qui serait l'extermination de notre pauvre pays. Il n'a déjà que trop souffert.

Les nouvelles de Paris sont bien longues à arriver. Je crains qu'on ait retenu les lettres qui, avant le ravitaillement, n'auraient apporté que de bien tristes nouvelles. Peut-être voulait-on laisser ignorer, avant les élections de province, quelles étaient la situation de Paris et les opinions politiques des Parisiens.

(1) Mme Talbot était à Fontenay-le-Comte auprès de sa mère très gravement malade.

Monsieur Talbot à Monsieur Delaroche-Vernet.

Angers, 9 février 1871.

Je vous remercie bien, mon cher Philippe, de votre aimable lettre qui vient égayer ma solitude presque absolue.

J'espérais y trouver quelques clartés sur la situation de Paris et des exilés qui aspirent à rentrer chez eux.

Il est bien évident que vous n'avez aucune donnée sur ce point, puisque vous ne m'en parlez pas. Nous sommes en communauté parfaite d'idée et de sentiment sur les faits essentiels du moment critique que nous avons à traverser. Les derniers conflits d'autorité sont infiniment regrettables, et j'ai bondi de colère devant les mots « coupable légèreté » jetés à la face de gens qui ne se sont rendus que bombardés, mourant de faim et attendant sans espoir qu'on vînt à leur secours. Il a fallu, selon moi, un immense courage à Jules Favre pour retourner vaincu auprès de Bismarck et entamer des conventions avec ce brutal triomphateur. C'est une immolation, un martyre dont je lui sais gré de toute mon âme.

Il est plus aisé de dire qu'on se battra jusqu'à

la dernière extrémité, que de considérer cette extrémité comme venue et de consentir à l'impopularité, à la déchéance, à la perte de toute considération, celle même de la vie, pour sauver les débris de son infortuné pays.

Jamais hommes n'auront plus fait, dans cette douloureuse conjoncture, pour la France et pour l'humanité, que les membres du gouvernement de Paris. Tous les hommes droits, de bon sens et de cœur généreux, me semblent devoir ainsi apprécier leur conduite. Ce n'est pas que je croie Gambetta mauvais patriote. J'ai lu ici tant d'injures, de calomnies, de récriminations absurdes contre lui, que j'ai senti constamment pour lui d'autant plus de sympathie que ses ennemis redoublaient d'inqualifiables fureurs. Mais c'est un homme d'emportement et de fougue, dont les élans prime-sautiers ont de graves dangers, où il est nécessaire d'avoir du sang-froid, de l'aplomb, de la fixité, de la constance. Ce sont les qualités indispensables de l'heure actuelle. Nous sommes bien malades, mais un peuple ne meurt pas, quelque grave que soit son état de souffrance, d'abattement, de prostration. Génération amollie, énervée, éreintée, nous avons encore du ressort et du muscle, si l'on sait trouver la fibre et la mettre en jeu.

Mais point de galvanisme et de provocation de mouvements factices et passagers. Il faut manier avec soin et avec précaution la pauvre France, saignée aux quatre membres par la lancette de Bismarck et les sangsues allemandes. Il faut lui infondre, sans brusquerie, des idées viriles et des sentiments généreux et dévoués, comme on fait prendre du jus de viande et du vin tonique aux pauvres corps atteints de chlorose et d'anémie. Si on veut la relever trop vite de son lit de douleurs, elle s'agitera peut-être et fera un grand mouvement, mais ça sera pour retomber cadavre et ne plus donner signe de vie. Allons-nous avoir de vrais et solides médecins et non des charlatans et des empiriques? Quelques jours vont nous le montrer.

J'ai voté dans le même genre que vous, rendant hommage aux hommes qui ont mes sympathies et profitant de ce que je n'ai point à épouser des querelles de clocher pour donner ma voix à ceux que je crois vraiment faits pour sauver et guider le pays. Nous savons, toutefois, que c'est la liste dite *réactionnaire* qui va triompher. A l'heure actuelle, le premier de cette liste a plus de quatre-vingt mille voix (1) et le premier de la liste *républicaine* n'en a que dix-huit mille. Vous voyez la différence. C'est Beulé qui est le premier porté sur la liste accusée d'être tout à fait blanche. Cependant, un

(1) Exactement 102 6?0 voix sur 110 000 votants.

des élus de cette liste m'affirme qu'elle est presque entièrement orléaniste. Quant à y trouver des républicains, c'est autre chose, et c'est ce qui me désole. Le même élu m'affirmait également hier que, néanmoins, c'est la République qui doit sortir des résolutions de l'Assemblée. Nous verrons bien.

Madame Lenoir (1) *à Madame Delaroche-Vernet.*

Paris, 9 février 1871.

Nous allons donc avoir quelques lueurs d'espérance, d'après les élections qui paraissent assez bonnes et pacifiques. Elle nous amèneront peut-être une Chambre dans laquelle nous pourrons avoir confiance; de plus, l'on dit que les puissances, surtout l'Angleterre, doivent s'entendre ensemble (il vaut mieux tard que jamais) pour vouloir nous obtenir une paix acceptable. Hélas! que Dieu nous vienne en aide!

(1) Voir note 1, page 3.

Madame Delaroche-Vernet à Monsieur Talbot.

Bordeaux, 10 février 1871.

Il paraît que l'émeute ici a été plus sérieuse que nous ne le supposions (1). Nous voici enfin avec des nouvelles de ces pauvres chers Parisiens. Je crois que les souffrances ont été dures, mais ces malheureux ne demandent qu'à les oublier. Tu dois être au courant des nouvelles politiques : Thiers nommé dans vingt-huit collèges électoraux, Gambetta élu seulement à Oran. Il y a encore du bon sens et du jugement en France. Ici on pense qu'avant six semaines les d'Orléans seront au pouvoir. Est-ce une ère nouvelle qui nous dédommagera du despotisme et de l'invasion? Que Dieu le veuille!

Les négociations de paix s'entament-elles à Bordeaux? C'est là ma crainte. Je voudrais qu'on allât la signer à Paris.

(1) Le 4 février un comité de salut public avait été formé par un club de Bordeaux. Il exigeait l'arrestation des membres modérés de la Délégation. Une manifestation violente eut lieu dans la rue, mais les choses n'allèrent pas plus loin, Gambetta ayant refusé d'entrer en conversation avec les meneurs.

Madame Talbot à Madame Delaroche-Vernet.

Fontenay-le-Comte, 12 février 1871.

Notre médecin qui a vu des personnes arrivant de Paris nous a dit que la mortalité, si grande, n'avait frappé que les individus très délicats et déjà souffrants, qui n'avaient pu supporter le régime alimentaire des derniers mois et le froid si rigoureux de cet hiver.

Il paraît que la situation à Paris n'a pas été si grave que l'avaient faite les journaux, que les émeutes ont été peu de chose, et, à part le pain des derniers jours qui n'était pas mangeable, on a toujours pu se procurer le nécessaire. On ajoute aussi que les Parisiens désiraient plus la paix qu'on ne le pensait généralement.

Madame Delaroche-Vernet à Madame Talbot.

Bordeaux, 13 février 1871.

M. Dornès est nommé député. Sa femme me prie de tâcher de leur trouver une chambre; mais ils ne se doutent pas de la difficulté de cette mission; on loge dans des voitures! Cependant je vais essayer de trouver quelque chose avec l'aide des Millet

Philippe est à l'Assemblée réunie pour la première fois; ce sera une chose bien intéressante à classer dans ses souvenirs...

Philippe est revenu de l'Assemblée dans laquelle il ne s'est rien produit d'intéressant que la démission de Garibaldi. Je suis sortie une minute et je l'ai rencontré en blouse déguenillée, en chapeau cabossé, en cheveux et barbe d'un homme des bois. Rien de plus dégoûtant à voir! Il est reparti tout de suite; c'est toujours un de moins.

Madame Talbot à Madame Delaroche-Vernet.

Angers, 14 février 1871.

Je pense que les élections nous amèneront la paix, car maintenant il n'y a plus de guerre possible. On a trop bien vu que la France ne possédait rien de ce qu'il faut pour avoir de longtemps la possibilité de vaincre. Les renseignements qui arrivent de Paris sont peu satisfaisants. On trouve des noms qui auraient dû disparaître si le gouvernement avait été plus énergique. On nous a dit en chemin de fer que les d'Orléans seraient à la tête du gouvernement dans deux mois. Tu vas plus vite; tu dis dans six semaines. Je crois plus à ces pronostics qu'à la république.

Madame Talbot à Madame Delaroche-Vernet.

Angers, 16 février 1871.

C'est bien étrange que nous soyons arrivés au 16 sans connaître les élections de Paris complètement. La liste rouge semble avoir le dessus; c'est bien triste; mais ce n'est pas étonnant en voyant des hommes comme M. X... si mécontents du gouvernement. Que les hommes, les plus intelligents même, sont difficiles à mener, et comme l'esprit d'opposition qui règne en France rendra difficile n'importe quel gouvernement!

Il est certain que la France veut la paix et que la Chambre la fera; mais... Paris, Lyon, Marseille sont si peu sages qu'on est inquiet de ce qui peut arriver après.

Madame Delaroche-Vernet à Madame Talbot.

Bordeaux, 18 février 1871.

Tu ne sais pas qui nous avons vu hier et avec qui nous dînons aujourd'hui? — M. Buffault (1)! Figurez-vous qu'il est tellement changé que nous en avons été suffoqués à première vue. Il est maigri de moitié, affaissé, vieilli. Songez donc, avoir eu faim pendant plus de deux mois! Il nous a dit qu'il est devenu gourmand, et pourtant il ne se plaint pas, il est devenu philosophe et a soutenu tout son monde par son exemple et ses conseils. Il nous a dit que ce que Mme Gatineau et Aline avaient souffert était incalculable. Elles n'ont pas su s'arranger; elles étaient souffrantes; Aline même, très malade tout le mois de janvier, ne digérant que quelques bouchées de poulet ou de pigeon payés trente ou quarante francs s'il le fallait. C'était une question de vie ou de mort. Les Buffault ont mieux su s'organiser, quoique, comme tout le monde, ils fussent rationnés pour la viande à six cents grammes de cheval pour cinq pour les quatre jours! Ils n'ont

(1) M. Buffault était un grand industriel et avait la fourniture des couvertures de la Société des lits militaires.

pas trop souffert du froid parce que M. Buffault a fait venir du charbon des lits militaires.

Madame Talbot à Madame Delaroche-Vernet.

Angers, 19 février 1871.

Maintenant que les nouvelles de Paris sont meilleures, je serais disposée à partir avant le premier mars. Ce n'est pas qu'on soit pressé de redevenir Parisien. Quelle race de brouillons, de fous, d'opposants quand même! Quelle jolie tête ils font à la France!

Es-tu heureuse! Tu connais déjà le ministère (1) probablement et peut-être ceux qui sont désignés pour traiter avec Bismarck. Sais-tu que quand on songe aux Alsaciens et aux Lorrains on serait disposé à recommencer la guerre. Heureusement que les gens sages connaissent notre misère en fait de soldats, de canons, de chefs, de généraux, et la Chambre choisira sûrement des hommes

(1) Élu le 17 février chef du pouvoir exécutif, le 19, M. Thiers formait le ministère suivant : *Affaires étrangères* : Jules Favre. — *Intérieur* : Picard. — *Instruction publique* : Jules Simon. — *Justice* : Dufaure. — *Commerce* : Lambrecht. — *Guerre* : Général Le Flô. — *Marine* : Amiral Pothuau. — *Finances* : Pouyer-Quertier. — *Travaux publics* : de Larcy.

sensés pour débattre les conditions de la paix.

Ton père a reçu ce matin une lettre fort intéressante de M. de Ronseray (1). Lui et sa famille sont sains et saufs, quoique son fils Arnold ait été très exposé. M. de Ronseray était chargé du dépouillement du scrutin de son quartier.

Il paraît que le manque d'entente était absolu pour les élections et que les votes étaient éparpillés sur trois cents noms de candidats. De plus, sur mille votants inscrits, il n'y a eu que quatre cent quatre-vingts bulletins! Cela est vraiment déplorable.

Si nous pouvons faire savoir à M. Perrot que nous arrivons, il viendra au-devant de sa fille (2) et pourra nous être utile en organisant à l'avance un moyen de transport. Je pense à tout cela, parce que je crains que le service du chemin de fer ne se fasse plus, les chevaux étant mangés.

(1) M. Henri de Ronseray était un ami intime de M. et Mme Talbot; c'est grâce à lui que pendant la Commune les lettres leur arrivèrent régulièrement. Elles étaient adressées, sous double enveloppe, poste restante à Saint-Denis au nom de M. de Ronseray dont le titre d'administrateur de la Compagnie des chemins de fer du Nord facilitait la réception de la correspondance. Quelqu'un dépouillait le courrier et un envoyé de la famille Talbot allait chercher ces lettres.

(2) M. et Mme Talbot allaient ramener à Paris la seconde fille de M. Perrot qui était avec eux depuis le commencement du siège. (Voir note 1, p. 36.)

Madame Delaroche-Vernet à Madame Talbot.

Bordeaux, 19 février 1871.

Dans une lettre adressée à son fils (1) et qui nous est communiquée, Mme Gatineau raconte le chagrin et la honte que va produire la promenade triomphale des ennemis à travers Paris. Je me refusais à y croire; mais nous en avons lu hier soir l'itinéaire tout au long dans le journal. Je bondissais de colère lorsque M. Sorel, pour me calmer, m'a rappelé que Napoléon était entré trois fois à Vienne, à Berlin, etc.

Ce qui m'inquiète, c'est que malgré les précautions prises par les Prussiens, il pourrait se trouver un Français qui tirât un coup de fusil à Guillaume. C'en serait fait de Paris; habitants, maisons, tout serait détruit en un moment. Cela donne froid d'y songer (2).

(1) M. Henri Gatineau, avoué à Nantes.

(2) Ces craintes étaient fondées. Un officier français d'état-major, ami du commandant Lecoq, circulant en civil, ayant été pris pour un officier prussien au moment où les Allemands étaient dans Paris, fut à moitié écharpé par la foule et ne dut qu'à un hasard de n'être pas précipité dans la Seine.

Madame Talbot à Madame Delaroche-Vernet.

Angers, 21 février 1871.

Nous envions le sort de Philippe qui a pu assister aux séances si intéressantes de la Chambre. Nous sommes contents du résultat, et nous espérons que la paix qui va être conclue sera acceptable pour quelques années. Je me figure qu'on va faire de l'Alsace et de la Lorraine des provinces neutres. Dans quelques années, nous serons assez forts, peut-être, pour les reprendre. Si Horace et André avaient douze et quinze ans, je ne serais pas si philosophe et si belliqueuse pour l'avenir, mais l'égoïsme qui nous a perdus sera bien difficile à déraciner même chez ceux qui ont encore en eux l'amour de la patrie.

Les nouvelles sont bien contradictoires au sujet de l'entrée des Prussiens dans Paris; les dernières font espérer qu'ils ont renoncé à cette satisfaction orgueilleuse et triomphale; mais que dira-t-on demain?

Pour m'aider à supporter tout cela, et surtout pour calmer ton père, je lui répète ce que t'a dit M. Sorel; mais il assure que soixante ans ont changé les idées en France et que les Français ne se seraient pas conduits comme les Prussiens si nous étions entrés en Prusse. Cependant, les cris « à Berlin! » me donnent peu de confiance dans notre sagesse et dans la bonne opinion que ton père garde encore pour les Français.

Quand donc serons-nous sortis de toutes nos préoccupations; quand reviendrons-nous simplement à notre pot-au-feu, à notre vie ordinaire qui semblera peut-être monotone après cette vie d'émotions continuelles? Ces sept mois ne m'ont pas paru longs; c'est étrange, mais c'est comme cela. L'esprit était si occupé qu'on ne comptait plus les jours et qu'on n'avait plus le temps de regarder dans sa vie et de penser à soi. Depuis l'armistice seulement, je me dis que nous sommes loin de notre maison, que nous avons vécu en faisant des dettes auxquelles il va falloir faire honneur et qu'il sera de toute nécessité de s'occuper d'autre chose que de la situation de la France.

Madame Delaroche-Vernet à Madame Talbot.

Bordeaux, 21 février 1871.

Je vous envoie un sauf-conduit; il est absolument impossible de rentrer sans cela dans Paris.

On est même si scrupuleux que M. Buffault ne sait pas si, avec son sauf-conduit visé par les chemins de fer du Centre, il pourra rentrer à Paris par celui de Lyon. Philippe a laissé le vôtre en blanc afin que vous le remplissiez. Je vous trouve bien heureux de rentrer à Paris; j'en ai un désir immodéré et les lettres que nous recevons parlant de la mortalité des enfants me semblent exagérées. Malgré cela je ne pousserai pas Philippe à autoriser mon retour contre lequel il a des préventions on ne peut pas plus arrêtées, car c'est une responsabilité difficile à prendre.

Madame Talbot à Madame Delaroche-Vernet.

Angers, 23 février 1871.

Il y a ici beaucoup de personnes qui ne croient pas à la paix. Pour ma part je suis convaincue que M. Thiers est parti résolu à la faire, à quelque prix que ce soit, et son beau discours le dit assez. Cependant, je voudrais être à lundi pour n'avoir plus à vivre dans cette attente qui est une vraie douleur.

Madame Delaroche-Vernet à Madame Talbot.

Bordeaux, 23 février 1871.

On est sans nouvelles certaines de la paix. On parlait avant-hier soir ici de conditions excellentes auxquelles avaient succédé hier les clauses les plus dures; aurons-nous aujourd'hui la vérité au milieu? Papa a des illusions touchantes mais bien peu fondées; il faudrait qu'il causât avec des officiers, des pasteurs, des ingénieurs ou des médecins revenant des armées pour les perdre.

Joseph Michel a écrit à Philippe une lettre navrante et qui respire la vérité. Si jamais nous étions vainqueurs, les atrocités commises par les Prussiens ne seraient plus que des jeux d'enfants. Vous entendrez les avis des Parisiens lorsque vous serez dans une intimité assez grande pour qu'on parle à cœur ouvert, ce qui est impossible par lettre.

Madame Delaroche-Vernet à Madame Lecoq.

Bordeaux, 24 février 1871.

Quant à mes illusions détruites, n'allez pas si vite, madame la réactionnaire; je ne brûle pas

*

encore ce que j'ai adoré, attendu que je n'ai jamais acccordé l'ombre d'un sentiment tendre ou faible à Flourens, canaille et Cie.

Je crois à une belle, bonne et saine république, parce que je la désire, et MM. Thiers, Favre, Picard et autres me semblent réaliser l'idéal d'un gouvernement.

Ici nous différons un peu, moi et certains qui dansent des sarabandes en songeant à un *rappel* qui leur tient au cœur, qu'ils désirent et qu'ils espèrent. Moi, je ne me sens aucun sentiment monarchique et si la France sait enfin garder ce qu'elle a depuis huit jours, je serai moins honteuse de mes compatriotes. Mais huit jours! peut-être est-ce déjà long pour ces affreuses têtes françaises! Ah! chère amie, nous sommes bien bas!

Madame Sédille à Madame Delaroche-Vernet.

Fontenay-le-Comte, 24 février 1871.

M. Plon donne des nouvelles de notre appartement (1). C'est dans celui au-dessus de nous que

(1) M. Plon était propriétaire de la maison portant le n° 8 de la rue Garancière où habitait Mme Sédille avec sa fille aînée, Mme Lemeignan, femme d'un professeur au lycée Louis-le-Grand.

les bombes ont pénétré. L'une d'elles, en brisant deux poutres, a traversé le plafond de l'ancienne chambre de Jeanne, brisé le ciel de lit et mis le feu à la literie. Heureusement un pompier passait toutes les nuits dans la maison. On s'est rendu maître de ce commencement d'incendie, on a transporté les meubles dans une pièce voisine, et l'on en sera quitte pour peu de dégâts.

Madame Talbot à Madame Delaroche-Vernet.

Angers, 25 février 1871.

Je suis de ceux qui déplorent les malheurs, les défaillances de la France, qui ne croient pas les Français meilleurs que les Prussiens, mais je suis convaincue qu'il y a eu aussi, et en grand nombre, des actes de patriotisme, de dévouement, de courage qui auraient entraîné les masses si on avait eu une meilleure organisation et une meilleure direction.

Nous n'aurons jamais que des paroles de dénigrement contre notre pays et contre les hommes qui nous gouvernent.

Tous les Parisiens honnêtes ont été mécontents, tu vois où cela les a menés. M. X... a écrit à ta tante dans les mêmes termes que M. Y... en parlant du gouvernement et cependant ils n'ont pas les mêmes opinions; mais le gouvernement n'était pas de leur choix et ils n'ont pas eu la sagesse de s'y rattacher pour combattre les Rochefort, les Delécluze, les Pyat et autres. Ton père demain décidera si nous partons toujours mercredi. Depuis jeudi on va directement à Paris par Tours et Orléans en douze ou treize heures. D'ici à mercredi on marchera peut-être encore mieux. On prend les bagages. J'espère bien que nous n'aurons plus affaire aux Prussiens.

Madame Delaroche-Vernet à Madame Talbot.

Bordeaux, 25 février 1871.

Nous avons reçu hier soir ta lettre d'avant-hier; ce serait une bien bonne habitude de la poste de nous apporter ainsi des nouvelles du jour au lendemain, mais il n'y faut pas compter.

Je crois qu'après avoir vu votre voyage trop facile vous le voyez trop difficile. M. Buffault, M. Devéria (1), M. (2) et Mme Lorois sont venus

(1) Interprète chancelier en Chine.
(2) Collègue et ami de M. Delaroche-Vernet.

facilement. M. Devéria a mis vingt-six heures d'ici à Paris et trente de Paris ici, sans ennuis et tout directement. M. Buffault est parti de Paris et arrivé ici sans arrêt autre que d'avoir donné son laissez-passer aux Prussiens à Vitry.

M. Parfait vient déjeuner demain avec nous et aussi, sans doute, M. Devéria avec lequel il m'a exprimé le désir de se trouver pour l'entendre parler de la Chine.

Philippe comprend très bien les sentiments que tu exprimes relativement à ton retour à Paris. Il pousse la chose si loin que, sachant qu'il pouvait être emmené par M. Thiers, il a préféré rester pour ne pas revoir si vite les environs de Paris dévastés, les forts occupés par les Prussiens, les pavés de Versailles battus par ces faquins d'officiers, etc... Moi, j'avoue que je suis désireuse de rentrer chez nous avec tous les nôtres et, depuis que votre retour est décidé, je voudrais que le nôtre le fût. M. Parfait me dit que c'est un désir coupable à cause de mes enfants.

Rien encore de Paris relativement à la paix.

Madame Delaroche-Vernet à Madame Talbot.

Bordeaux, 27 février 1871.

Je vois que l'incertain vous gouverne aussi et je me demande si cette lettre vous trouvera encore à Angers. Nous sommes aussi peu fixés que possible pour notre compte.

Les préliminaires de paix étant signés vont amener forcément une solution quelconque en faisant prendre une décision au gouvernement.

Monsieur Eugène Plon à Monsieur Delaroche-Vernet.

Paris, 28 février 1871.

J'ai été tellement pris et bousculé ces derniers temps par cette grosse affaire de répartition des dons anglais (1) dont nous nous sommes chargés

(1) En Angleterre un comité s'était formé pour adresser à la France des dons et des secours en nature. M. Eugène Plon était président de la commission du VIe arrondissement constitué pour la distribution de ces dons. Voici ce qu'il écrivait à sa mère le 11 février 1871 à ce sujet : « Nous attendons tout à

sur la demande des délégués de l'Angleterre, que je ne puis trouver un moment pour répondre aux bons souvenirs qui m'arrivent de province.

J'ai particulièrement à te remercier, mon cher Philippe, de tous les efforts que tu as tentés pour nous faire parvenir des nouvelles de notre famille. Grâce à toi il nous est arrivé ainsi quelques beaux souffles du dehors et je t'assure que c'était là un ravitaillement dont nous avions bien besoin. Nous avons eu un intervalle d'au moins deux mois sans nouvelles d'aucun côté. Il semblait alors qu'on fût enterré vivant. Enfin nous en sommes sortis au complet, au moins jusqu'à présent, car nul ne sait ce qui va se passer demain. L'esprit du faubourg est très surexcité et il y a lieu de redouter un conflit qui aurait évidemment des résultats bien plus graves. Les Prussiens le désirent-ils pour se donner un prétexte au pillage? Beaucoup de gens se

l'heure le grand délégué de l'Angleterre qui est peu satisfait de la négligence de nos édiles à faire les distributions du ravitaillement offert par la ville de Londres. Il est venu trouver mon père pour le mettre à la tête de cette grosse affaire et tout à l'heure une vingtaine des premiers notables de Paris, convoqués par mon père, vont se trouver réunis dans notre salon pour être présentés au délégué de l'Angleterre. » Le 18 février M. Eugène Plon écrivait encore : « La distribution dans notre VIe arrondissement a été close ce soir au *Grand Condé*, nous y avons donné 72 000 belles rations. Par nos bureaux de bienfaisance nous en avons distribué 10 000 et je crois que nous allons pouvoir doubler ce dernier chiffre. Tout cela a été fait promptement, en bon ordre et honorablement. » Le *Grand Condé* dont il est question était un magasin qui se trouvait à l'angle de la rue de Seine et du boulevard Saint-Germain.

le demandent et de hauts personnages anglais m'ont paru le croire. Il me semble, à moi, qu'ils n'agiraient pas là avec leur habileté habituelle. Ils ont besoin autant que nous que la paix se fasse immédiatement, une paix qui leur est si avantageuse! Comment auraient-ils cette maladresse de tout compromettre et de se lancer alors dans une suite de nouvelles aventures, pour aller ravager la France? Car après, il faudra bien qu'ils finissent par rentrer chez eux. Enfin, espérons!

Madame Talbot à Madame Delaroche-Vernet.

Angers, 1er mars 1871.

Nous partons ce soir; rien ne semble devoir mettre obstacle à notre départ. Nous arriverons pour le jour de l'entrée des Prussiens, cela me navre.

Tu as vu que les collèges rouvraient le 15 mars. Ton père aurait donc pu attendre encore quelques jours pour partir. Cependant je comprends son désir d'être à Paris le plus tôt possible pour organiser ses affaires.

Madame Delaroche-Vernet à Madame Talbot.

Bordeaux, 2 mars 1871.

Je pense que tu trouveras la visite inattendue que tu as reçue plus intéressante que toutes les lettres possibles. J'espère que vous aurez fait un bon voyage. Il aurait été parfait que Philippe vous recueillît en route dans son train spécial (1).

(1) L'Assemblée nationale ayant d'urgence, le 1er mars, ratifié le traité des préliminaires de paix, M. Delaroche-Vernet fut chargé par M. Thiers de porter en toute hâte à Jules Favre, qui les attendait à Paris, les ratifications qui, une fois remises au gouvernement prussien, devaient forcer les vainqueurs à évacuer Paris. La grande question qui se posait pour M. Delaroche-Vernet était celle-ci : arriverait-il à temps pour empêcher l'entrée solennelle de l'empereur Guillaume dans la capitale? Un train spécial le conduisit à Orléans. Là, il trouva dans la gare un mouvement anormal de trains militaires allant sur Paris pour préparer la grande entrée triomphale. Aucun train de voyageurs ne devait plus partir avant le lendemain. M. Delaroche-Vernet se précipita auprès du major commandant la gare et demanda à prendre un train militaire. Ayant essuyé un refus, sans dire quelle était sa mission, il fit constater à l'officier qu'il arrivait des lignes françaises par train spécial, exigea une attestation dégageant sa responsabilité pour le retard à lui occasionné, et fit toutes ses réserves au sujet des suites qui pourraient en résulter pour le major qui l'empêchait de continuer sa route. Le Prussien craignant d'encourir un blâme n'osa plus mettre d'opposition au départ du voyageur, et, voyant un train se mettre en marche, il ouvrit la portière d'un wagon contenant des officiers et y fit pénétrer M. Delaroche-Vernet. A Paris, l'envoyé de M. Thiers se rendit en hâte chez Jules Favre et partit avec lui pour Versailles. Bismarck, qui ne comptait pas recevoir avant quelques jours les ratifications, eut la déception

J'espère qu'il va obtenir un congé sans aucune peine, comme va le faire M. Sorel et que nous allons partir le 15 pour Bormettes (1).

J'ai reçu hier soir la visite de M. et Mme Dornès; M. Dornès prend infiniment mieux son parti de ce qui lui arrive que je ne m'y attendais. Sa femme est plus triste (2).

Madame Delaroche-Vernet à Madame Talbot.

Bordeaux, 5 mars 1871.

Philippe revient il y a une heure, désolé de vous avoir manqués. Cela jette une triste impression sur tout son voyage. Il était obligé de se trouver à la gare d'Orléans à cinq heures parce qu'on lui avait donné rendez-vous là pour prendre les derniers papiers et deux millions à rapporter à Bordeaux. C'est ce qui l'a fait vous manquer de peu, à son grand chagrin.

de voir ses projets avorter. Les Allemands entrés dans Paris le 1er mars durent le 3 au matin évacuer la ville et leur empereur ne put y entrer. Cette dernière insulte à la France était ainsi évitée.

(1) Ancienne propriété d'Horace Vernet que son petit-fils possédait dans le Var.

(2) Représentant de la Lorraine annexée, M. Dornès avait vu résilier son mandat de député.

Il est content, au point de vue affaires, de son voyage; tout le ministère de Paris a été charmant pour lui et il a un congé de M. de Tamisier. Nous pensons donc partir lorsque Philippe aura fixé le jour avec M. de Chaudordy.

Nous sommes désolés de penser que vous êtes arrivés sans trouver d'aide à la gare, tandis que les domestiques et les deux mobiles que nous logeons avaient été à votre arrivée manquée pour prendre les malles. Enfin, vous avez été effrayés par des bruits grossis, et pendant que vous redoutiez l'émeute à Paris, elle allait vous trouver à Angers.

Je suis allée à la Chambre avec Mme Dornès vendredi. La séance n'était pas palpitante, mais elle a cependant donné lieu à des incidents intéressants et je suis bien contente d'y avoir été. C'est celle où Félix Pyat (1) s'est montré si inconvenant et si énergumène.

(1) A la séance du 3 mars Félix Pyat avait lu devant l'Assemblée une lettre de protestation contre le vote du 1er mars acceptant les ratifications, lettre violente où il considérait que l'Assemblée était *dissoute de droit par son vote.*

Madame Delaroche-Vernet à Madame Talbot.

Bordeaux, 8 mars 1871.

J'ai été bouleversée hier toute la journée du départ précipité de Philippe; lui qui aime l'imprévu, je pense qu'il doit être content (1).

Vous devez à présent être au courant de tout ce qui nous concerne, car il était décidé à aller frapper chez vous cette nuit après avoir rempli ses missions.

Madame Perrot à Madame Delaroche-Vernet.

Paris, 9 mars 1871.

Mon beau-frère, qui arrive aujourd'hui de Metz, nous dit que les Prussiens semblent n'avoir qu'un but, c'est de forcer toute la bourgeoisie à quitter le pays.

Déjà tous les fonctionnaires publics, professeurs, magistrats, juges de paix, jusqu'aux greffiers des justices de paix, ont reçu l'ordre de s'en aller dans

(1) M. Delaroche-Vernet venait d'être envoyé de nouveau en mission à Paris.

un délai de trois jours. Dieu sait si semblable mesure ne sera pas bientôt prise relativement aux grands industriels. Nous sommes, hélas! complètement à leur merci et nous savons par expérience que nous n'avons pas affaire à des vainqueurs généreux.

Tous nos pauvres amis lorrains sont dans la consternation. Ils avaient eu, jusqu'au dernier moment, la folie d'espérer, et aujourd'hui que le sacrifice est consommé, ils sont dans un véritable désespoir.

La maison de Pange (1) a été complètement pillée, il ne reste plus que les quatre murs. Les bestiaux ont été tués ou emmenés, les pressoirs détruits, le vin bu, enfin on estime les pertes à environ quarante mille francs.

Madame Delaroche-Vernet à Madame Talbot.

Bordeaux, 10 mars 1871.

Philippe m'a dit que vous aviez vu M. de Gobineau (2); il doit avoir bien des choses à raconter,

(1) Propriété de la famille Dauphin.
(2) Le comte de Gobineau était en congé comme ministre de France à Rio-Janeiro.

s'étant trouvé englobé dans les opérations militaires.

Madame Delaroche-Vernet à Madame Talbot.

Bordeaux, 11 mars 1871.

Philippe rentre. Il part encore à trois heures par train spécial. C'est désespérant, car cela le fatigue.

Madame Talbot à Madame Delaroche-Vernet.

Paris, 15 mars 1871.

Le dernier discours de M. Thiers est parfait et doit apaiser toutes les passions politiques par sa raison, son bon sens pratique. On respire librement en se sentant gouverné par un homme qui comprend si bien la situation. Pourvu que tout cela ne l'use pas trop et le laisse vivre encore longtemps!

LA COMMUNE

Madame Talbot à Madame Delaroche-Vernet.

Paris, 18 mars 1871.

Je ne sais si Philippe t'a dit de partir immédiatement; aujourd'hui il serait sans doute d'un autre avis, car voici la grande affaire de Montmartre qui va se décider (1).

Le rappel bat depuis ce matin six heures; mais je crains que la garde nationale réponde peu à l'appel. Ce qui est plus grave, c'est qu'on dit que la troupe refuse de marcher, que des bataillons

(1) Les gardes nationaux de Montmartre refusaient de rendre des canons qui leur avaient été confiés.

« ... Voilà les fameux canons, les fameux émeutiers, les fameux apprêts de Montmartre et de la Villette qui sont en train de jouer leur rôle au sérieux. Ce matin nous avons entendu le rappel à six heures, ce qui nous a donné à penser qu'il se passait quelque chose de grave. Les rumeurs venues par l'escalier de service nous ont appris qu'on s'apprêtait à reprendre les canons, que l'émeute n'aurait pas de consistance, qu'on en viendrait promptement à bout. Mais voilà que, renseignements pris, il paraît que cela va fort mal. Le parti de l'ordre est comme toujours faible et mou, la troupe ne donne pas. Un général, le général Lecomte, dit-on, est au pouvoir des perturbateurs. Cela devient franchement mauvais. Je vois mon mari très inquiet, très soucieux ; allons ! faut-il compter encore avec les secousses politiques? » (Lettre de Mme Lecoq à Mme Gatineau, 18 mars 1871.)

ont mis la crosse en l'air, qu'un général est prisonnier ou mort (1).

C'est M. Worms que ton père a rencontré qui a donné cette mauvaise nouvelle. Qu'est-ce que tout cela va devenir? — Tu ferais peut-être bien de reculer ton départ.

Le charbonnier vient de dire à ma cuisinière que « le plus gros de l'affaire était fini », qu'il y avait eu des soldats et des gendarmes tués, beaucoup d'hommes arrêtés : des repris de justice. Voilà la dernière version populaire que je t'envoie, espérons qu'elle est vraie.

Madame Delaroche-Vernet à Madame Talbot.

Bordeaux, dimanche 19 mars 1871.

Je suis ahurie, hébétée de la dépêche de Philippe qui m'est arrivée cette nuit, vers minuit.

Je cherche à lire sous les mots qui la composent leur signification :

« Ne quitte pas Bordeaux, je tiens à ce que tu y sois encore huit jours. » Rien de plus net, assurément, mais le motif? Quelqu'un est-il malade?

(1) Meurtre des généraux Clément Thomas et Lecomte.

Alors pourquoi ne pas m'appeler? Philippe a-t-il craint les transports de troupes? Mais nous avons voyagé avec les blessés en décembre! Paris est-il à feu et à sang? Philippe est-il reparti en mission? Pas un mot qui m'explique quoi que ce soit! Et, assurément, ce n'est pas pour un caprice que Philippe aurait porté cette dépêche à la signature de Jules Favre. Qu'est-ce que cela veut dire, après la lettre que j'ai reçue de lui à quatre heures, dans laquelle il me disait de venir *immédiatement?*...

Madame Talbot à Madame Delaroche-Vernet.

Paris, dimanche 19 mars 1871.

Comme je le pensais hier, les événements de Paris sont une trop grande préoccupation en ce moment, pour que Philippe vous laisse revenir.

Ce matin nous avons entendu le canon; cette nuit on a tiré quatre coups de pistolet on de revolver dans notre rue (1) : un signal ou un citoyen *qui s'amusait*, car notre quartier est bien tranquille. Mais quelle épouvantable chose que ces exécutions, ces assassinats des généraux Clément Tho-

(1) M. et Mme Talbot habitaient, 39, rue Godot-de-Mauroy.

mas et Lecomte! On dit le général Chanzy prisonnier. Il y a des barricades dans le faubourg Saint-Antoine, dans le Marais. Montmartre, Belleville, Montrouge en sont remplis.

Les insurgés ont pris possession de l'état-major de la garde nationale de la place Vendôme et, malgré le tambour qui bat continuellement, la garde nationale honnête ne bouge pas. On la dit mécontente du ministère actuel.

Tout le gouvernement est à Versailles; va-t-il agir? Mais comment? La troupe de ligne en face des insurgés met la crosse en l'air et fait cause commune avec eux; qu'est-ce que cela va devenir?

Philippe t'a télégraphié d'attendre huit jours; il faut espérer qu'avant, tout sera remis dans l'ordre, car huit jours de guerre civile ce serait horrible.

Quelle étrange chose qu'une grande ville comme Paris! Nous pourrions vivre dans notre rue aussi tranquillement qu'à cent lieues de l'émeute, du moins jusqu'à présent. Ton père apporte le *Gaulois;* sans que nous nous en doutions, tout Paris était soulevé. On dit que le gouvernement va entrer en arrangement avec les insurgés et leur faire de larges concessions; comment tout cela finira-t-il? Le Luxembourg, Saint-Sulpice, l'Odéon étaient occupés par la garde nationale.

Madame Delaroche-Vernet à Madame Talbot.

Bordeaux, 20 mars 1871.

Je t'écris à tout hasard, bien qu'on dise que les gares sont occupées et les communications coupées.

J'ai le désespoir et la rage au cœur. Si le dimanche est le jour du Seigneur, c'est celui de sa malédiction!

Hier soir nous avons appris officiellement les terribles nouvelles que ta lettre ne me faisait que très légèrement pressentir. Paris au pouvoir de l'émeute, Vinoy replié sur Versailles (1)!

Philippe est-il dans les rangs de la garde nationale? Allez-vous être bloqués et abandonnés du reste de la France? En vérité la tête se perd dans un pareil dédale de pensées dont la moins sombre est encore bien noire. Sera-ce long? On dit que oui, ici, mais le sait-on? J'y vais rester jusqu'à la fin du mois; passé ce terme, si je ne puis rentrer à Paris, je me rendrai à Gorges où je ne serai plus qu'à huit heures de Versailles.

(1) Le 18 mars le général Vinoy, venu de Versailles avec quarante-cinq mille hommes, dut se replier en effet pour éviter une effusion de sang. On espérait encore arriver à amener les révolutionnaires à composition par des moyens pacifiques.

Je te fais part de ce projet qui n'aura peut-être pas son accomplissement, afin que tu saches ce que nous sommes devenus, si les communications sont interrompues comme on dit que cela peut bien avoir lieu; mais j'espère qu'avant quinze jours nous serons tous réunis à Paris. Que Dieu le permette!...

Madame Delaroche-Vernet à Madame Talbot.

Bordeaux, 21 mars 1871.

Tu as peut-être trouvé mes craintes exagérées, mes plans pour un long exil hors de propos; je t'assure que j'étais peut-être une des plus calmes têtes de notre cercle. Les nouvelles arrivées officiellement et officieusement étaient épouvantables pour le présent et pour l'avenir. J'espère que ce n'était que la première impression et que le calme qui règne dans ta lettre est le reflet de l'état général de Paris.

Madame Talbot à Madame Delaroche-Vernet.

Paris, mardi 21 mars 1871.

Ton oncle et ta tante (1) sont venus vers deux heures dimanche. Déjà presque tous les ministères étaient dans la possession des gardes nationaux (les mauvais) qui, le soir, étaient les maîtres partout. Tout le gouvernement était parti.

Dimanche soir, M. Funck est venu. Il nous montrait la révolution qui se faisait comme un mouvement des ouvriers de l'internationale et non comme un mouvement républicain, ce qui expliquait les noms inconnus placés au bas des proclamations. Il développait ses théories plus ou moins justes, mais cependant intéressantes, quand M. de Gobineau est entré.

M. de Gobineau, qui est tout à fait opposé aux idées de M. Funck, restait silencieux à l'écouter; mais à la fin la patience lui a échappé et nous avons eu une discussion des plus intéressantes et des plus amusantes, à laquelle ton oncle et ton père ont pris part.

Hier, dans la journée, j'ai vu M. Perrot tout ému, tout inquiet et tout étonné de nous trouver à

(1) M. et Mme Lemeignan.

Paris. Il nous croyait Suzanne et moi réfugiées à Versailles, fuyant le pillage, la révolution. Notre calme l'a rassuré. Il nous a quittés un peu tranquille. Ton père a cependant été très ému samedi; mais une promenade dimanche aux Champs-Élysées où il a trouvé le plus grand calme et où il a rencontré beaucoup de personnes de connaissance, lui a fait du bien.

Me voilà, à Paris, dans les mécontents du gouvernement, moi qui avais horreur des Parisiens toujours en révolte! Je ne puis te dire ce que je pense du gouvernement qui ne fait rien pendant trois semaines pour reprendre aux insurgés les canons, puis, un beau matin, s'avise de le faire sans avoir pris aucune précaution pour agir avec succès, et, ayant manqué son coup, se sauve à Versailles, laissant l'insurrection maîtresse sans avoir rencontré la moindre résistance. La garde nationale (honnête) s'habille, se rassemble, stationne quelques heures sur les places, et rentre chez elle n'ayant pas eu un ordre et ne sachant que faire. D'Aurelle de Paladines dit qu'il avait prévenu le gouvernement qu'il n'était pas sûr des troupes et qu'il n'approuvait pas la mesure.

La première séance de la Chambre à Versailles a été raisonnable; espérons qu'elle va amener quelque sage décision. Les députés de Paris et les maires se conduisent bien.

Je ne sais si tu as vu que le *Rappel* et la *Cloche* se sont joints aux journaux qui protestent contre le mouvement insurrectionnel et qui ne veulent reconnaître que le gouvernement élu par l'Assemblée nationale et dont le chef est M. Thiers.

La crainte du pillage est partout; mais je la crois peu raisonnée.

Ton père rentre. Il a rencontré plusieurs personnes qui pensent que tout cela ne va pas durer.

Le télégraphe est coupé et c'est le gouvernement qui l'a fait pour empêcher les émeutiers de communiquer avec la province. On s'aperçoit si peu de la *Fédération républicaine du Comité central de la garde nationale,* qu'on se rassure. Espérons que le gouvernement fera acte de bon sens et que tout rentrera dans l'ordre.

L'hésitation, la faiblesse, la crainte et même la peur sont, je crois, à l'ordre du jour pour le gouvernement.

La fuite à Versailles serait risible si elle n'avait pas ses côtés bien tristes. J'ai cru à un plan, je voudrais ne pas m'être trompée, mais on ne voit rien poindre.

Je viens de lire que le gouvernement n'avait quitté Paris que parce que la garde nationale n'avait pas répondu à l'appel qui lui était fait. Que croire? De quelque côté qu'on se tourne, c'est très triste!

Espérons que bientôt nous pourrons nous revoir...

Madame Delaroche-Vernet à Madame Talbot.

Bordeaux, 22 mars 1871.

Les nouvelles qui nous parviennent sont bien graves. Celles de Versailles ne le sont pas moins et je n'ai pas eu de lettres hier de toi ni de Philippe. Je compte bien qu'elles ne me manqueront pas aujourd'hui; mais comme je sais, par un témoin oculaire, que la discrétion dans la correspondance est de rigueur, je ne te dirai rien qui puisse compromettre l'arrivée de cette lettre à destination.

J'ai reçu hier la visite de M. Parfait qui est bien démoralisé, bien inquiet de la tournure que vont prendre les événements. On parle, m'a-t-il dit, de la translation du gouvernement à Orléans ou même à Tours. Tout va donc recommencer!

Madame Talbot à Madame Delaroche-Vernet.

Paris, 22 mars 1871.

Pendant que je t'écrivais hier, une manifestation pacifique de la population honnête s'organisait sur le boulevard près du Grand-Hôtel. Un tailleur, M. Bonne, a eu l'honneur de l'avoir provoquée. Lundi, il avait fait afficher dans tout Paris qu'il protestait contre les actes de la garde nationale insurgée et qu'il engageait les hommes d'ordre à se réunir à lui boulevard des Capucines. Il donnait son numéro.

Vers une heure, hier, trois mille hommes partaient du boulevard avec un drapeau sur lequel était écrit : « Vive l'ordre ! » ou « Pour l'ordre ! » Quelques personnes bien inspirées ont fait ajouter : « Vive la République ! »

Ces trois mille hommes se sont mis en marche sans armes et se sont rendus d'abord à la place Vendôme, où, après quelques pourparlers, les gardes nationaux du poste ont levé la crosse en l'air en les acclamant. Ils ont été ainsi de poste en poste, recevant le même accueil, excepté au ministère de la guerre et dans un autre endroit.

Leur nombre s'augmentait toujours et ils ont été bientôt dix mille, au moins.

Ils ont parcouru ainsi une partie de Paris et l'élève de ton père qui faisait partie de cette manifestation est revenu fatigué, mais bien ému et heureux de l'enthousiasme que cette manifestation a provoqué.

Ils n'ont pas osé aller à l'Hôtel de Ville, mais on doit s'y rendre aujourd'hui. La réunion est convoquée pour midi, en uniforme de garde national et sans armes. Ce serait vraiment une belle chose si le parti du désordre était vaincu d'une manière si pacifique!

Cela prouvera que si le gouvernement s'était mis à la tête de la garde nationale, il n'aurait pas eu besoin de fuir la capitale. Cela prouve aussi que, pour le bien, c'est toujours l'initiative qui manque et l'esprit de division qui est de trop.

Ton père a rencontré hier un grand nombre de personnes qui approuvaient beaucoup la manifestation et l'avaient suivie une partie du chemin. Il fallait de jeunes jambes pour supporter une si longue marche.

Ton père fait sa classe ce matin; le nombre de ses élèves n'avait pas diminué hier.

On dirait qu'on entend le canon ou la fusillade, cela n'arrête pas. Ton père rentre, il nous rassure; on dit que ce sont les Prussiens qui tirent le canon pour célébrer une victoire ou une fête.

Ton père va sur le boulevard savoir des nouvelles. On lui a dit au collège que les insurgés ne voulaient rien entendre, qu'ils disaient que les députés de Paris les trahissaient et qu'ils feraient eux-mêmes leurs élections communales. Comme la Chambre avait accordé ces élections, elles devaient être faites jeudi, je crois, avec le concours des maires.

Ton père vient de repartir après déjeuner pour se joindre un peu à la manifestation des gardes nationaux sans armes. A son retour je te dirai ce qu'il aura vu et appris. Tu dois être tranquille; ton mari est à Versailles...

Ton père est revenu tout ému, venant nous prévenir qu'il ne savait plus quand il rentrerait. Il tenait absolument à se mêler à une manifestation si belle, si patriotique; il partageait l'enthousiasme de tous. En le voyant partir, je dis : « Pourvu que ces affreux insurgés ne tirent pas sur tous ces hommes sans armes! » Je ne savais pas penser si vrai! Quelques minutes après son départ, ton père revenait encore : c'était un sauve-qui-peut général. On avait tiré rue de la Paix et rue des Petits-Champs.

Un ancien élève de ton père arrive à l'instant avec un petit mot de ton oncle qui vient d'être blessé à la jambe par un éclat de balle. Ce monsieur assure que le médecin a dit qu'il n'y avait rien de grave. A cause de la difficulté de circuler, ton père, qui est allé avec ce monsieur retrouver M. Lemeignan, ne savait s'il allait le ramener à la maison ou le conduire chez lui. Quel surcroît de chagrin pour ta tante !

Des officiers de la ligne qui faisaient partie de la manifestation ont dit aux gardes nationaux que, s'ils voulaient aller chercher leurs armes, ils leur donnaient rendez-vous place de la Concorde.

Ton père rentre. Il a vu M. Lemeignan qui n'a rien de grave ; mais, comme il ne peut pas marcher, il est resté chez le tapissier où on l'a fait entrer pour le panser et où il est entouré de soins. Ton père a eu quelque peine à gagner la rue des Petits-Champs qui était gardée par les insurgés. Ton oncle a eu des éclats de balle dans la poche de son paletot, un éclat aussi a touché son chapeau où il a reçu un peu de cervelle d'un blessé. C'est affreux !...

Madame Delaroche-Vernet à Madame Talbot.

Bordeaux, 23 mars 1871.

Je te remercie mille fois de ta longue lettre que j'ai reçue hier, et qui me donnait, outre les nouvelles politiques, celles de mon mari qui ne m'avait pas écrit. Je viens de recevoir aujourd'hui deux lettres de lui, une du 20 et l'autre d'hier. Je suis bien contente et il m'a amusée avec le récit des honneurs qui lui tombent, comme faisant l'intérim du chef de cabinet, M. de Pontécoulant (1). Je crois que tout cela peut être très utile à sa position, mais il conclut toujours en me disant que je ne peux venir ni à Versailles, ni à Paris, et que je puis très bien aller finir mon temps d'exil à Gorges où je serai plus près de lui.

J'ai reçu hier une lettre d'Aline me racontant sa fuite précipitée en vingt minutes, lorsque son mari a dû partir à Versailles avec Vinoy (2).

Je pense que vous avez dû passer une soirée très agréable dimanche avec deux si beaux causeurs que MM. Funck et de Gobineau. Je vois qu'il y a quelques hardis Parisiens dont vous faites partie; mais Kazia m'a fait rire en me racontant l'émigration. On vient chez elle avec des billets de logement délivrés par la mairie (3)! C'est risible et

(1) Comte de Pontécoulant, secrétaire d'ambassade de première classe.

(2) Le 19 mars au matin, réveillé par des rumeurs et par le bruit de la générale, le commandant Lecoq alla aux nouvelles et apprit l'assassinat des généraux, le départ du gouvernement pour Versailles et la chute de Paris aux mains de la Commune. Ayant mis dans un sac ce qu'il avait de plus précieux, il partit immédiatement en civil et sans décoration avec sa femme, pour la gare Montparnasse, conduisit Mme Lecoq à Nantes et revint aussitôt se mettre à la disposition du gouvernement à Versailles. Il fut aussitôt attaché à l'état-major du général Vinoy.

(3) La fuite des Parisiens avait pris de telles proportions que

je rirais, en effet, si je n'étais par force dans la catégorie des fuyards.

Madame Delaroche-Vernet à Madame Talbot.

Bordeaux, 24 mars 1871.

Est-il possible que tu me laisses deux jours sans lettres? Je suis toute malade d'inquiétude. Comment ne penses-tu pas aux idées qui peuvent me bouleverser quand je sais qu'on fusille dans Paris des citoyens inoffensifs? Je ne dors plus, je ne mange plus et j'ai les idées les plus noires.

Je pars décidément ce soir et si le calme n'est pas rétabli dans quatre ou cinq jours j'irai à Versailles pour vingt-quatre heures sans les enfants, car l'absence de nouvelles m'affole et on a vraiment besoin d'être en famille pour supporter de pareilles angoisses.

L'appel des gardes nationaux de province agite la ville; les bataillons sont en faction permanente. On s'attend à du bruit et on annonçait même hier

beaucoup de voyageurs ne pouvaient prendre le train qu'ils désiraient à cause de la cohue et se faisaient apporter des matelas dans les gares pour ne pas risquer, en rentrant se reposer chez eux, de manquer le train suivant dont l'heure de départ était ignorée.

que le maire et le préfet étaient emprisonnés. Ce matin, rien ne confirme ce bruit qui sera peut-être réel ce soir.

J'aime mieux m'en aller. Cet appartement vide, où, à partir de neuf heures du soir, je suis seule entre quatre murs, m'est devenu odieux. Je n'ai que la pensée de trouver des lettres à Nantes. Je t'en supplie, écris-moi; je vous vois tous tués, pillés, enfin je manque de sang-froid et je ne peux pas m'en étonner car voilà un mois bientôt, depuis le premier départ de Philippe, que je vis dans une incertitude et une agitation qui m'ont tout à fait énervée...

On vient de m'apporter une dépêche qui m'a bouleversée, croyant à la réalisation d'un des mille malheurs que j'ai prévus cette nuit. C'est seulement Aline qui me télégraphie de nouveau de venir, nous mêlerons nos inquiétudes, séparées toutes deux de nos maris.

Pourvu que je trouve une lettre de toi!

Madame Talbot à Madame Delaroche-Vernet.

Paris, vendredi 24 mars 1871.

Il faut espérer que la situation si inquiétante de Paris ne va pas durer éternellement. Le *Journal des Débats*, ce matin, semble voir quelques indices de faiblesse dans le Comité central, et comme le parti des hommes d'ordre semble prendre quelque force, il en augure que la crise se terminera sans combat. Que Dieu le veuille! C'est bien assez des victimes de mercredi.

Trois mille *bons* gardes nationaux gardent le chemin de fer de la place du Havre.

Madame Delaroche-Vernet à Madame Talbot.

Nantes, 25 mars 1871.

Ce matin, à peine arrivée, j'ai reçu ta lettre d'hier au moment où Aline me faisait lire un article envoyé au *Phare de la Loire* par son correspondant de Paris, et qui raconte, dans les termes les plus sympathiques et les plus élogieux, la façon dont mon oncle a reçu sa blessure que j'ignorais complètement. J'ai été toute bouleversée de cette nouvelle. Vous voyez bien que les malheurs sont possibles et que j'avais raison de les redouter!

Madame Talbot à Madame Delaroche-Vernet.

Paris, samedi 25 mars 1871.

Aujourd'hui comme hier on est plus tranquille, sans savoir sur quoi au juste on peut baser ses espérances de voir cesser un état de choses si malheureux.

Tu ne peux te faire une idée de Paris le mercredi soir. Dès sept heures, c'était le silence du tombeau, personne dans les rues, pas le moindre roulement de voiture, rien ne bougeait. Ce jour-là, déjà, la *bonne* garde nationale s'était réunie place de la Bourse, au Grand-Hôtel, au chemin de fer du Havre, et cette démonstration armée, après celle si pacifique mais si malheureuse, remontait les courages et donnait quelque espoir dans une résistance que les insurgés n'avaient pas encore rencontrée (1).

Hier, Paris reprenait son mouvement, on circulait; le jardin réservé des Tuileries, le seul livré

(1) C'est dès le mercredi soir que les gardes nationaux étaient sur pied : 12 000 cantonnèrent place de la Bourse, 6 000 au Grand-Hôtel et 5 ou 6 000 à la gare Saint-Lazare, tous bien décidés à faire leur devoir. Ne recevant ni ordre ni direction, ils se dispersèrent au bout de huit jours laissant, par force, la place aux insurgés. (Souvenirs de M. A. Michel.)

au public, était rempli de mères, d'enfants, de nourrices. Je suis sortie et j'ai constaté avec plaisir cette espèce de tranquillité s'épanouissant au soleil. Le soir, jusqu'à minuit, nous avons entendu les voitures circuler et un mouvement de piétons dans notre rue. Cela nous faisait respirer plus librement.

Ce bien-être ressenti par tous avait plutôt sa valeur dans le contraste qu'il faisait avec l'état dans lequel on était mercredi, car on est bien tourmenté.

Les départs continuent. Comme à Angers nous éprouvons un sentiment de découragement et de tristesse à voir les vides qui se font autour de nous, et surtout dans les rangs de la garde nationale, au moment où on aurait si grand besoin d'être au complet.

Nous attendons le compte rendu de la séance de cette nuit avec grande impatience. Nous voudrions voir les élections moins éloignées que le 3 avril. Elles seront peut-être le salut de Paris.

Madame Delaroche-Vernet à Madame Talbot.

Nantes, 26 mars 1871.

Philippe me nomme, dans une lettre que j'ai eue ce matin, M. Tiby parmi les morts de la place

Vendôme, et plusieurs parents de ses collègues. Beaucoup d'entre eux y assistaient, ils ont été épargnés.

Philippe me dit qu'il a un violent désir d'aller vous embrasser, mais qu'on lui dit qu'il peut être reconnu comme faisant partie du gouvernement et, qu'en ce cas, il ferait avec *ces messieurs* une connaissance désagréable toujours, et souvent malsaine.

J'ai rencontré tout à l'heure Ambroise Carissan (1). Il part demain pour aller chercher en Allemagne soixante mille de nos prisonniers.

Madame Talbot à Madame Delaroche-Vernet.

Paris, dimanche 26 mars 1871.

Je ne saurais te dire dans quel état d'anxiété, d'inquiétude, de découragement nous sommes! Hier on espérait une entente du Comité avec les maires qui auraient obtenu pour agir l'assentiment de l'Assemblée. Depuis hier soir toutes ces espérances sont évanouies et nous voilà retombés dans cette situation si douloureuse où nous étions

(1) Officier de la marine marchande.

depuis le mois d'août, comptant sur une victoire, reprenant courage et n'ayant que des déceptions. Je dois le dire, la situation est bien plus triste encore, car la lutte est presque dans nos foyers et on se demande ce qu'elle amènera de malheurs, de désordres, de bouleversements!

Je l'avoue, je commence à perdre courage. On ne comprend pas quelle raison a Versailles pour agir comme il le fait. Comme on ne sait rien, il est impossible de dire s'il faut blâmer ou approuver.

Hier, M. de Gobineau est encore venu passer la soirée avec nous; il nous a sortis un peu de notre abattement. Ce n'est pas qu'il soit bien encourageant, mais sa verve, son entrain nous ont un peu remontés. Il est parti vers onze heures et demie. Je ne sais comment, mais la dernière heure on a parlé de littérature, de la Perse, de la Grèce et nous nous sommes sentis renaître par ce moment de repos dans nos tristes pensées.

On dit que les lettres de Versailles sont arrêtées au chemin de fer par les gardes nationaux du Comité qui fouillent les voyageurs.

Je ne sais pas ce qui va résulter des élections. Le *Temps* engage à voter pour les maires et les adjoints; les *Débats* conseillent de s'abstenir. Que résultera-t-il de tout cela? Pour aujourd'hui, le soleil est splendide et les Parisiens ont l'air de vouloir en profiter pour se laisser vivre à sa chaleur en attendant les mauvais jours

---

Madame Delaroche-Vernet à Madame Talbot.

Nantes, 28 mars 1871.

Philippe et M. Lecoq sont fort prudents ét ne nous parlent qu'à mots couverts de la situation politique; mais il nous semble qu'il y a chez eux moins de découragement et d'anxiété. Nous comptons partir, Aline et moi, à la fin de la semaine pour Gorges. Mme Gatineau viendra nous y rejoindre la semaine suivante et moi je me laisse aller à l'espoir qu'à la fin de cette semaine-là je pourrai enfin rentrer.

Il me semble qu'un pareil désordre ne peut s'éterniser et je crois aujourd'hui au retour du calme. Ce n'est pas l'avis de M. Bobierre (1) que nous venons de voir; mais c'est un pessimiste enragé et il a conclu en disant qu'il préférait le temps où la tyrannie aristocratique conservait des formes galantes, encourageait les lettres et les arts, au règne des Mégy, Assy et autres...

(1) Professeur de chimie au lycée et directeur de l'école des sciences de Nantes.

Madame Delaroche-Vernet à Madame Talbot.

Nantes, 29 mars 1871.

Quel regret de vous savoir là-bas dans cet horrible gâchis!

Allez-vous rester dans cet affreux Paris où je suis si tourmentée de vous savoir? Et papa qui a voté! C'est-à-dire qui a reconnu l'autorité du Comité ordonnant les élections! Oh! papa! papa!

Je trouve la dépêche de M. Thiers très bonne. Allons-nous suivre à Paris l'exemple de Lyon, Marseille et Toulouse, rentrés dans le devoir devant une poigné d'hommes résolus?

Madame Delaroche-Vernet à Madame Talbot.

Nantes, 30 mars 1871.

Il paraît que le Comité a condamné à mort MM. Worms et Vrignault qui ont fait partie d'un autre Comité pendant le siège...

Madame Talbot à Madame Delaroche-Vernet.

Paris, 31 mars 1871.

Ne parle plus du vote. Ton père est attristé, je crois, d'y avoir pris part. Le *Temps* et avec lui quelques hommes sages avaient engagé à voter pour les maires et les adjoints afin d'éviter le retour des journées de Juin. Ceux qui ont suivi ce conseil ont, du moins, la satisfaction de n'avoir nommé aucun des membres de la Commune agissant en ce moment, puisque les maires et les adjoints ont donné leur démission.

Ton père rentre du collège, satisfait de voir que presque tous ses collègues faisant partie du Comité de la garde nationale du IXe arrondissement, le nôtre, bien pensant, ont été engagés à voter pour M. Desmaret comme étant l'homme représentant l'ordre et la soumission à l'Assemblée. C'est un point de vue peut-être faux, mais honnête. M. Desmaret, en donnant sa démission après avoir recherché les suffrages, donne raison à ses électeurs.

Madame Talbot à Madame Delaroche-Vernet.

Paris, 2 avril 1871.

Trop fatiguée pour t'écrire jeudi, j'avais remis au lendemain ma lettre qui, malheureusement, n'a pu partir puisque la poste, avec deux directeurs, l'un de Versailles, l'autre de la Commune, n'a pu marcher faute d'employés qui ont tous quitté l'administration, ne voulant pas obéir à la Commune.

Hier, j'ai lu le *Siècle* qu'on nous avait dit contenir de sages articles. En effet, il ne parle que de conciliation comme le seul moyen de sortir de l'état déplorable dans lequel on est. S'il pouvait convertir tous les organes de la presse et avoir une influence pacifique sur les esprits! Malheureusement je crains bien que nous ne sortions de longtemps de cette anarchie, de ce bouleversement qui sont le malheur de toutes choses et de toutes personnes!

Nous avons fait des provisions comme la plupart des habitants de Paris, en prévision de la fermeture de la ville pendant quelques jours.

Espérons que c'est une précaution inutile.

Madame Talbot à Madame Delaroche-Vernet.

Paris, 3 avril, 7 heures et demie du matin.

Quelle que soit la dose de philosophie et d'énergie qu'on possède, quand le canon tonne à faire trembler les maisons, à les ébranler même, on ne peut pas ne pas s'émouvoir. C'est une grande déception quand après une canonnade épouvantable on apprend que les Versaillais se sont seulement un peu avancés quand on espérait qu'ils entraient.

L'entrée, on le sait bien, est terriblement malaisée, les remparts sont défendus et armés de manière à rendre le succès des troupes bien difficile.

Espérons que la désunion qui se met parmi les hommes de la Commune facilitera le retour du gouvernement.

Tu sais que le fort d'Issy a été évacué; mais les troupes n'y ont pas pénétré parce qu'on craignait qu'il ne fût miné. Des bataillons de gardes nationaux y sont rentrés; mais je crois que maintenant ils ne pourront plus s'y défendre.

Mme Dauban qui est venue me voir hier me disait que la veille il leur semblait que leur maison allait sauter; jamais, depuis le commencement, la canonnade n'avait été aussi forte. Les obus projetaient au loin les pierres de la barricade faite devant l'Arc de triomphe.

Madame Talbot à Madame Delaroche-Vernet.

Paris, 4 avril 1871.

Tu es probablement plus au courant que nous des nouvelles de la bataille qui se livre entre Paris et Versailles, car celles qui nous arrivent sont tellement contradictoires qu'on ne sait que penser du résultat. Quelle affreuse chose, après tous les désastres qui viennent de nous accabler, de voir la guerre recommencer entre Français et sans avoir la certitude que cette affreuse nécessité ramènera des jours meilleurs!

Vous avez peut-être été bien inquiets de nous, car l'effroi qu'on éprouvait ici faisait répandre les nouvelles les plus tristes. Beaucoup : ta tante, M. Perrot, etc., etc., craignaient le pillage, le meurtre; mais Paris a toujours été tranquille partout où les fédérés ne siégeaient pas. Le voisinage de la place Vendôme ne nous a causé aucune alerte, aucune préoccupation. Ton père et Suzanne, comme beaucoup d'autres, traversent Paris sans être inquiétés le moins du monde, et si le froid n'était pas revenu, on verrait les Tuileries remplies d'enfants avec leurs mères ou leurs nourrices.

On dit que huit mille voleurs ont quitté Londres pour profiter de la bonne occasion que leur donne Paris sans police.

Madame Talbot à Madame Delaroche-Vernet.

Paris, 6 avril 1871.

Depuis avant-hier les événements qui se sont passés nous apportent une certaine confiance dans un avenir meilleur et assez prochain.

Cependant, en voyant qu'on se bat encore aujourd'hui, on se demande combien de jours seront laissés aux hommes qui profitent de la situation pour faire des arrestations, suspendre la presse honnête, réquisitionner, piller. Les Jésuites, les Dominicains ont été mis à sac; des Jésuites ont été arrêtés d'abord, puis l'archevêque, sa sœur, le grand vicaire et encore l'abbé Deguerry, après que sa maison a été pillée. On dit encore que le curé de Saint-Roch est pris. L'église Saint-Sulpice a eu la visite des gardes nationaux, mais je n'en sais pas le résultat.

Les *Débats*, le *Constitutionnel*, etc., sont suspendus. Que va devenir Paris dans les quelques jours, espérons très limités, qui restent à la Commune? Je ne crois pas que les particuliers comme nous, n'ayant rien de valeur à prendre, aient quelque chose à craindre; mais on est révolté de tout ce qui se passe.

Rochefort, dans son journal, annonce que l'hôtel de M. Thiers, place Saint-Georges, contient de grandes richesses; il indique aussi les maisons de MM. Jules Favre et Picard comme très luxueuses et il donne leur rue et leur numéro, en ajoutant, toutefois, que leur pillage reviendrait très cher aux habitants de Paris, parce qu'on les indemniserait probablement très largement.

Avec cela, et l'échantillon (1) que je t'envoie, tu vois à quelle presse nous allons être réduits. Je dois cependant te l'avouer, un peu familiarisée dans ma jeunesse avec cette forme énergique, je n'ai pu lire sans rire cet article. Ton père a acheté un numéro : la première partie m'a fait rire aux éclats. On ne peut prendre au sérieux un style pareil à notre époque; mais je n'ai pu finir le journal, le dégoût m'a prise.

On dit que la Commune n'est pas responsable de tout ce qui se passe; mais pourquoi a-t-elle ouvert

(1) Un article du journal *le Père Duchêne*.

les prisons? Comme il n'y a plus de police, si la situation dure, on ne sait trop ce que Paris deviendra. Espérons que le gouvernement de Versailles sera bientôt assez fort pour désarmer tous les fous furieux qui sont les maîtres en ce moment.

J'ai vu avant-hier le père Lescœur; il avait été à la rue des Postes s'assurer de ce qui s'était passé et il attendait le tour de l'Oratoire.

Madame Talbot à Madame Delaroche-Vernet.

Paris, 7 avril 1871.

Tu auras probablement reçu ma lettre de dimanche, donnée à un voyageur à la gare; mais celles mises à la poste depuis qu'on affirme que les lettres pour la province partent deux fois par jour?

Hier on m'a indiqué une agence qui s'est formée pour aller chercher les lettres de province qui sont toutes à Versailles. Ton père va aller aux informations.

Hier soir, M. de Gobineau nous a apporté des nouvelles. Son voisinage de Neuilly lui a permis de nous apprendre, avant les journaux, que la troupe de Versailles venait d'y arriver. On est effrayé en songeant à la lutte possible, dans Paris, et on perd l'espoir d'une transaction depuis que la Commune a fait afficher qu'il n'y avait pas de conciliation possible.

Ce n'est pas sans éprouver un certain ébranlement qu'on entend le tambour, qu'on a la certitude qu'on se bat à quelques pas et qu'on ne sait quelle sera l'issue de la lutte. Dans beaucoup de quartiers on entend très bien le canon.

Dans notre rue, moins éloignée que beaucoup d'autres, on a le privilège de ne rien entendre, même la nuit.

Le siège était bien terrible, mais ce n'était rien auprès de la situation présente. Cette lutte entre Français est horrible! Commencée samedi, on n'en connaît pas la marche, on n'en prévoit pas la fin. Cette situation est désolante et il faut faire appel à toute son énergie pour ne pas tomber dans le découragement.

Ne te tourmente pas de nous; notre rue est à l'abri de tous les mouvements possibles des troupes; elle est sans issue et trop étroite pour être un passage; nous sommes très calmes et très résignés. C'est, du reste, facile jusqu'à présent où Paris est d'une tranquillité qui nous paraîtrait probablement encore plus étrange si nous n'avions passé six mois en province.

Madame Talbot à Madame Delaroche-Vernet.

Paris, 8 avril 1871.

Avant-hier, en omnibus, un monsieur avait parlé d'une agence qui se chargeait d'aller demander les lettres à Versailles, je crois te l'avoir dit. Ton père y est allé. Là, on lui a demandé cinquante centimes et on lui a remis un papier qu'il devait faire timbrer puis porter à la mairie pour faire légaliser sa signature. Cette agence est rue du Conservatoire; le Timbre rue de la Banque.

— Citoyen, lui dit l'employé du Timbre, c'est cinquante centimes.

— Bien, citoyen, lui répond ton père, et il se met en devoir de donner les cinquante centimes. — Je me trompe, citoyen, c'est un franc. — Bien, citoyen, et ton père donne un franc. A la mairie qui était éloignée et où il était déjà allé pour faire légaliser sa signature, il retourne une seconde fois, mais ne retrouve plus *le citoyen* qui lui avait promis sa légalisation sans avoir besoin de témoin. On le promène de bureaux en bureaux, enfin, il se trouve en présence d'un monsieur auquel il renouvelle sa demande. Le monsieur se lève, ferme la porte et lui dit : « Voilà votre procuration signée;

mais je crains bien que, comme beaucoup d'autres, vous ne soyez dupe d'une espèce d'escroquerie. C'est une façon de vous faire payer un impôt, mon cher monsieur Talbot, car je vous connais, nous sommes tous deux anciens élèves du même lycée, etc., etc.» C'est un ancien employé resté dans sa position, comme tant d'autres, dans l'intérêt des affaires dont il s'occupe. Cette conclusion de toutes les démarches, de toutes les fatigues de ton père, nous a semblé bien amusante et il ne regrette pas ses trente sous, surtout si demain il peut avoir des lettres, à moins que la mystification ne soit complète. Cependant, il y avait beaucoup de personnes qui venaient hier en chercher. Ce bureau serait organisé par la Commune, ou, du moins, avec son autorisation, pour se faire de l'argent. Ce petit renseignement n'a pas été payé trop cher.

Cette nuit nous avons entendu la fusillade et le canon pour la première fois. Que c'est affreux, après toutes les émotions que nous causait la guerre avec l'étranger, de les voir se renouveler plus douloureuses encore! Qui aurait pu croire que c'était possible!

On pense que l'armée de Versailles avance; combien c'est triste de voir cette garde nationale se défendre avec tant d'énergie et de courage pour soutenir un parti qui n'en est pas un, qui se désorganise chaque jour et qui est la ruine de la République que les Parisiens défendent par-dessus tout. Si ces hommes avaient été employés pendant le siège, si on avait utilisé leur ardeur, leur bravoure contre les Prussiens, peut-être aurait-on obtenu quelque résultat moins malheureux ! Mais surtout on n'aurait pas laissé au moins cent cinquante mille hommes mécontents, révoltés contre le gouvernement qui avait fait la paix, et tout prêts à marcher avec ceux qui sauraient se servir d'eux.

Ton cousin de la Berge vient de sortir avec ton père ; ils vont aux Champs-Élysées, pas bien loin, car les obus tombent déjà au delà de l'Arc de triomphe par ici. Presque dans tout Paris on croyait que les troupes allaient entrer aujourd'hui. On dit qu'elles viennent lentement, voulant ménager la garde nationale ; cela ce conçoit, mais on se demande si, en prolongeant la situation, on ne la rend pas plus malheureuse et plus nuisible encore. Tout cela est bien difficile à apprécier. Il est trois heures et demie, j'entends à chaque instant le tambour. Ce sont des bataillons qui remontent du côté de la barrière de l'Étoile et au delà. Depuis midi on n'entend plus rien et on ne sait qu'en penser.

Madame Talbot à Madame Delaroche-Vernet.

Paris, mardi 11 avril 1871.

Quoiqu'on ne puisse encore prévoir l'issue des malheureux événements qui se passent, on peut cependant espérer que les particuliers n'auront pas à souffrir des excès de tous les hommes de pillage que la Commune traîne à sa suite, et qui sont occupés par les batailles de chaque jour. Les arrestations du clergé, le pillage de quelques grandes caisses suffisent à leurs fureurs et à leurs convoitises.

Hier la Commune a fait afficher que la commission des barricades allait commencer son service, et les gardes nationaux se sont mis à l'œuvre; cependant, dans la soirée, celles du bas de la rue Royale et de l'entrée de la rue de Rivoli n'étaient pas continuées et pourtant elles étaient regardées comme des plus utiles, puisque l'armée de Versailles arrivait par l'Arc de triomphe.

M. de Gobineau a dû abandonner son appartement de l'avenue Joséphine (1), les obus y tombaient.

(1) Actuellement avenue Marceau.

Il y a dans le parti de la Commune des hommes convaincus, ardents, qui se croient dans leur droit et qui ont une grande influence et un grand entraînement.

On a défait les commencements de barricades de la place de la Concorde. Pourquoi? Comme des gardes nationaux remontent en grand nombre du côté des remparts, on ne peut espérer une pacification. On chasse cette crainte que ce soit la défaite des Versaillais qui laisse toute sécurité pour Paris à la Commune.

Mme Boulanger a reçu une lettre de son mari (tu te rappelles le gentil officier de turcos) (1) qui lui donne de bonnes nouvelles de l'armée de Versailles. On continue à se battre à la Porte Maillot qui commence à céder. Les fédérés, qui étaient solidement établis à Asnières, vont probablement être obligés de se retirer à cause du feu du Mont-Valérien. Mais pourquoi a-t-on arrêté les barricades? Je voudrais apprendre que la Commune est décidée à se rendre si elle ne peut être victorieuse aux remparts : la guerre des rues serait si affreuse!

(1) Il s'agit ici du futur général Boulanger, cousin de Mme Dauban. M. et Mme Talbot l'avaient connu quand il était sous-lieutenant aux tirailleurs algériens.

Madame Delaroche-Vernet à Madame Talbot.

Gorges, 12 avril 1871.

Quelqu'un est venu chez nous (110, rue du Bac) s'informer du pays où Philippe résidait et sur la réponse de Louis que « Monsieur était parti dans le Midi », il lui a été répondu qu'il était *dans la ville de son frère*. Louis a réitéré sa déclaration et on s'est retiré. Il faut une grande circonspection.

Madame Talbot à Madame Delaroche-Vernet.

Paris, vendredi 14 avril 1871.

Ton père a passé un bon bout de temps chez M. Bussine (1), où il a trouvé M. César Franck heureux d'avoir expédié ses fils loin de Paris et tout absorbé dans la composition de *Béatitudes* qui font son bonheur. Causer musique a été une bonne fortune.

(1) Professeur de chant de Mlle Suzanne Talbot.

Madame Talbot à Madame Delaroche-Vernet.

Paris, mardi 18 avril, 8 heures du matin.

Ce matin, le journal annonce que les Versaillais seraient entrés à Asnières et que le bruit formidable et incessant d'hier aurait enfin amené un changement dans la situation. Tu dois comprendre combien à Paris on est anxieux, combien on a hâte et besoin de voir mettre un terme à un état de choses chaque jour plus inquiétant! Le calme du gouvernement de Versailles qui prend largement son temps pour être certain de vaincre nous semble superbe pour les habitants de la province; mais ceux de Paris aimeraient un peu plus d'ardeur.

Il est certain qu'il vaut mieux attendre que d'avoir un échec en précipitant les choses; mais ici on commence à suffoquer sous la pression des émotions, des craintes de toutes sortes qui envahissent les plus calmes. Ceux qui ont souffert du siège, surtout, sont à bout de forces et peu disposés à manger de nouveau de la viande de cheval et du pain noir. La crainte d'être obligés de marcher exaspère les gardes nationaux honnêtes et les départs ont repris des proportions qui donnent à Paris l'apparence d'une ville abandonnée.

Madame Talbot à Madame Delaroche-Vernet.

Paris, jeudi 20 avril 1871.

Le canon n'a pas cessé hier ni cette nuit, la fusillade non plus, et le bruit continue ce matin. L'avis général est que la garde nationale fédérée est toujours battue; mais comme elle se bat bravement et que les troupes de Versailles avancent lentement, on n'est pas beaucoup plus avancé qu'il y a huit jours.

Ce qui fait penser que la lutte aux remparts est tout à l'avantage des troupes, c'est qu'on construit d'immenses barricades à la barrière de l'Étoile, à la place de la Concorde, au ministère de la marine pour la rue Royale, et à l'entrée de la rue de Rivoli, près la rue Saint-Florentin. On fortifie de plus en plus la place Vendôme et le bruit courait hier soir qu'on allait donner l'ordre à Giroux (1) de déménager, sa boutique devant servir de corps de garde et être défendue par une barricade qu'on allait construire.

Beaucoup se demandent pourquoi M. Thiers

(1) Magasin situé à l'angle de la rue et du boulevard des Capucines.

laisse le temps d'établir de formidables défenses dans les rues. Il a un plan, dit-on; mais les plans inquiètent maintenant beaucoup les populations et donnent peu de confiance. On se demande quels sont les deux grands moyens infaillibles qu'il dit devoir employer s'il n'est pas victorieux dans la lutte. La famine et le bombardement sont une terrible perspective; l'alliance des Prussiens me semble impossible.

C'est étonnant comme on s'habitue au bruit du canon. Depuis deux ou trois jours, quoiqu'il semble se rapprocher, chacun a repris ses habitudes; on va, on vient et si Paris est morne et désolé, c'est que la moitié de la population est partie et que le travail est tout à fait arrêté. La situation devient, il est vrai, chaque jour plus grave; on vient encore de supprimer cinq journaux. On va être réduit à ceux de la Commune. Je crois qu'il n'y a plus que le *Temps*, le *Siècle*, l'*Avenir national* qui paraissent, et hier et ce matin ils protestent d'une manière très énergique contre les arrêts de la Commune et regardent presque comme une honte d'être épargnés.

Tout le monde dit : « Cela ne peut durer longtemps »; mais depuis bientôt neuf mois les malheurs qui nous accablent ne pouvaient durer; cependant les semaines, les mois les accumulaient et Dieu seul sait quand nous en verrons la fin.

Madame Delaroche-Vernet à Madame Talbot.

Gorges, 21 avril 1871.

Le père Lescœur est arrivé chez mon beau-frère revêtu d'une redingote à la propriétaire, d'un gilet de velours, d'un chapeau tromblon d'il y a vingt ans. Il avait fui à grand'peine et se rendait à Tours.

Madame Talbot à Madame Delaroche-Vernet.

Paris, vendredi 21 avril 1871.

Le grand inconvénient de la prolongation de notre situation, c'est que beaucoup d'ouvriers honnêtes sans ouvrage depuis longtemps sont obligés, quoique à contre-cœur, de se joindre aux fédérés pour être nourris et gagner trente sous par jour, et pour ne pas être mal notés en subissant le désarmement. Dans certains quartiers il faut marcher quand même. Si la situation se prolonge, le manque d'hommes fera agir la Commune dans tous les arrondissements; du moins, c'est à craindre. On dit que le premier a beaucoup à souffrir des réquisitions de toutes sortes.

Madame Talbot à Madame Delaroche-Vernet.

Paris, samedi 22 avril 1871.

On dit les troupes de Versailles dans Saint-Denis. Cela va-t-il nous amener le blocus complet et la disette des vivres? Espérons que non. Jusqu'à présent on ne manque de rien. La vie est très chère, mais c'est tout.

Ta tante a encore un sujet de préoccupation. La caserne (1) est occupée par des hommes impossibles. La nuit, les entendant remuer, elle s'est levée et elle les a vus très occupés dans les écuries où il n'y avait pas de chevaux. Elle a vu aussi ôter et remettre des pavés. La pensée qu'on minait la caserne lui est venue. Peut-être serait-il utile qu'on prît des précautions lorsque les gendarmes reviendront. Les brigands qui l'habitent maintenant et qui voient qu'ils vont être obligés de s'en aller bientôt, préparent-ils un moyen de destruc-

(1) Il s'agit de la caserne de la rue de Tournon dont les écuries donnent rue Garancière sous les fenêtres de l'appartement qu'habitaient M. et Mme Lemeignan.

tion pour ceux qui viendront après eux? Espérons que nos craintes sont exagérées, mais dans des temps pareils tout est à redouter.

Madame Talbot à Madame Delaroche-Vernet.

Paris, mardi 25 avril 1871.

Ici on fait de formidables barricades, on désarme les gardes nationaux récalcitrants qui auraient pu être des auxiliaires utiles au moment de l'entrée dans Paris. L'armée de Versailles se complète; mais la défense ici devient plus forte, à moins que l'on ne compte sur la désunion des membres de la Commune. Elle existe, c'est vrai; mais il est certain qu'ils se réuniront pour combattre. Tous les habitants de la place Vendôme et des environs, assez loin, se sauvent.

Mademoiselle Talbot à Madame Delaroche-Vernet.

Paris, jeudi 27 avril 1871.

On dit de tous les côtés que les forts du sud ne pourront certainement pas résister longtemps, que la Porte Maillot à elle seule ne suffira pas à arrêter les Versaillais et que les fédérés, perdus, n'auront ni la force, ni la volonté de défendre les redoutables barricades qu'ils ont élevées dans notre quartier. Dieu veuille que ces nouvelles soient vraies car alors notre délivrance ne serait plus trop éloignée. La guerre des rues dont on ne parle qu'en tremblant n'aurait pas lieu et on pourrait enfin parler de réunions de famille. Cette agréable perspective nous remonte un peu le moral. Il serait bien temps que toutes ces misères aient une fin!

Mardi, nous sommes allés, papa et moi, jusqu'à la Porte Maillot, l'armistice permettant aux curieux d'aller constater par eux-mêmes les effets terribles du bombardement. C'est affreux, en vérité! Toute les maisons qui se trouvent du côté gauche de l'avenue de la Grande-Armée sont touchées; les unes sont à moitié effondrées, les autres ont leurs vitres et leurs portes brisées seulement. Le sol de toute l'avenue est labouré par des boulets et des obus et il ne reste plus un bec de gaz intact. Quelques maisons des Champs-Élysées ont été atteintes, mais les dégâts se bornent à quelques balcons enlevés, à quelques fenêtres défoncées. L'Arc de triomphe est peu endommagé bien que plusieurs obus y aient laissé leurs empreintes noirâtres.

Ce qui était bien triste à voir, c'étaient les habitants qui déménageaient et qui emportaient leurs meubles et leurs objets les plus précieux comme ils pouvaient. Nous avons vu des livres reliés superbement qui étaient déposés tels quels dans le ruisseau; puis deux messieurs emportant l'un une glace, l'autre un traversin! Quelques personnes charitables avaient envoyé leurs chevaux et leurs voitures pour opérer le déménagement des pauvres gens. Aussi on voyait des landaus élégants portant les choses les plus sales et les plus déguenillées.

Au milieu de tout cela, les gardes nationaux continuaient à s'organiser; ils pointaient de belles pièces neuves aux bastions de la Porte Maillot et tiraient à blanc de temps en temps pour essayer leurs canons. On travaillait aussi à une barricade élevée entre l'Arc de triomphe et le pont de Neuilly, et qui est déjà d'une belle taille.

Nous sommes revenus par le Trocadéro où il n'y a plus de batterie, car le Mont-Valérien lui faisait trop de mal. On voyait de là les forts du sud et le Mont-Valérien qui tiraient tout le temps et nous envoyaient de grosses détonations.

Ces choses sont affreuses par elles-mêmes et n'ont nullement besoin de l'exagération des journaux qui pourtant voient la réalité avec les yeux de l'imagination.

Madame Talbot à Monsieur Delaroche-Vernet.

Paris, vendredi 28 avril 1871.

Les forts d'Issy et de Montrouge étant presque détruits hier, il me semble que la bataille devrait plutôt se rapprocher, car les fédérés devront rentrer dans Paris.

Le canon gronde, un bataillon des gardes nationaux passe musique en tête dans notre voisinage. Sont-ils nombreux? Comme ils passent boulevard Haussmann nous ne pouvons les voir.

Madame Talbot à Madame Delaroche-Vernet.

Paris, samedi, 29 avril 1871.

C'est étonnant comme on se fait aux situations les plus difficiles et les plus émouvantes! Il est vrai que, pour ma part, je suis vraiment mieux portante et la santé est un fort auxiliaire pour supporter les moments malheureux. De plus, nous sommes tout contents de l'espèce de régularité avec laquelle nous recevons de vos nouvelles.

Notre seule crainte, c'est qu'un beau jour les stupides arrêtés de la Commune ne viennent impatienter les Prussiens et n'arrêtent la circulation jusqu'à Saint-Denis.

Nous pensons que la rareté du lait, et peut-être d'autres objets de consommation dont nous ne nous sommes pas aperçus encore, est due à leur organisation malheureuse au sujet de la sortie des marchandises de Paris, qui mécontente les Prussiens. Depuis trois jours, la cuisinière parcourt tous les alentours pour avoir un peu de lait; hier elle n'a pu en avoir. Nous essaierons du lait conservé.

Hier j'ai eu la visite de Mme Delaborde (1). Elle ne compare pas les émotions et les privations du siège avec les angoisses morales du moment. Cependant elle constatait, comme nous, que depuis quelques jours on ne se préoccupait presque plus du canon, et qu'on s'en remettait à la grâce de Dieu pour ce qui pouvait arriver au dernier moment. Quand une situation aussi terrible se prolonge, on n'y résisterait pas si on ne trouvait une certaine force dans une résignation et une philosophie qui font attendre assez patiemment la fin des événements qu'on ne peut modifier.

Le discours de M. Thiers est très bien, mais il

(1) Comtesse Henri Delaborde, femme du membre de l'Institut.

ne sera lu à Paris que par des gens comme nous. Je doute que la presse de la Commune le publie, et les ouvriers honnêtes n'en auront pas connaissance, je le crains bien. C'est malheureux car ces hommes, trompés par ceux qui les mènent, doivent commencer à trouver que la Commune ne leur apporte rien de bon, et fatigués de leur vie de soldat, ils pourraient peut-être entendre raison.

Hier, il y avait beaucoup de gardes nationaux qui allaient probablement se rendre à la Porte Maillot. C'est triste qu'il y ait toujours tant d'hommes prêts à se battre. Les tranchées, les barricades de la place sont formidables. Espérons qu'on mettra bas les armes avant leur attaque.

Madame Talbot à Madame Delaroche-Vernet.

Paris, mardi 2 mai 1871.

La canonnade furieuse, étourdissante de ces jours derniers nous avait donné quelque espérance, mais changée, malheureusement, en déception! Voici le général Cluseret arrêté! Le bruit court ce matin que le général Dombrowski a été fait prisonnier avec un grand nombre de gardes nationaux. Je crains bien, hélas! que la nouvelle ne soit pas confirmée.

Madame Talbot à M. Delaroche-Vernet.

Paris, 5 mai 1871.

Je suis certaine qu'à Versailles on trouve moyen d'être gai et insouciant. Un journal nous parle des promenades remplies d'élégantes, de beaux qui n'ont pas l'air de se douter qu'on se tue à quelques kilomètres d'eux. Je vous avoue qu'on voudrait bien ici en faire autant; mais comment, quand le bombardement, la canonnade, la fusillade, les mitrailleuses vous assourdissent le jour, vous réveillent la nuit?

Les préoccupations au sujet des gardes nationaux vont encore s'augmenter, le Comité de Salut public devant prendre des mesures rigoureuses. Comment laisse-t-on tant de temps à l'insurrection? Je dis cela, et cependant je comprends qu'il faut absolument réussir, et qu'alors il ne faut rien laisser au hasard; mais que ceux qui étouffent sous la pression révolutionnaire ont besoin de respirer un peu librement!

Je vais mieux. Voici deux jours que je vais

m'installer aux Tuileries sur la terrasse de la place de la Concorde. D'où j'étais assise j'ai vu le feu des boîtes à mitrailles. Hier un obus tombé au rond-point nous a fait bondir; quelques personnes se sont sauvées.

Madame Talbot à Madame Delaroche-Vernet.

Paris, lundi matin 8 mai 1871.

Les départs parmi les ouvriers et les petits boutiquiers qui ne veulent pas faire partie des bataillons de marche, augmentent tous les jours, malgré les grandes difficultés de sortir de Paris. Les décrets, les arrêtés sont bien inquiétants pour les hommes de la garde nationale!

Madame Talbot à Madame Delaroche-Vernet.

Paris, mardi 9 mai 1871.

Je suis toute gaie depuis hier soir. La proclamation du gouvernement aux Parisiens leur annonçant qu'on va entrer dans Paris me rend le *cœur tout léger* et nous attendons avec joie, en ouvrant toutes grandes nos oreilles, le moment où une canonnade épouvantable nous annoncera l'événement tant désiré. La lettre de Philippe, votre installation à Versailles (1) m'avaient fait craindre un retard très grand dans les opérations. Grâce à Dieu, le terme de tous nos malheurs approche. Espérons que ce moment si terrible ne causera pas trop de désastres et que les honnêtes gens n'auront pas trop à souffrir.

Saint-Eustache, Saint-Nicolas, Notre-Dame des Champs, Saint-Roch, etc., etc., sont envahis le soir par des clubs où les orateurs rivalisent de grossièreté, d'ivrognerie et d'idées impossibles. Je t'assure qu'il est bien temps que tout cela finisse!

Notre quartier est très tranquille et très bien pensant; c'est une consolation. Pourvu que notre maison bancale résiste aux commotions de la canonnade! Dans la rue Saint-Honoré les boutiquiers ont couvert leurs glaces de treillages faits avec des bandes de journaux collées. Le voisinage de la place Vendôme est inquiétant.

Est-ce la faute du vent, mais nous n'entendons rien de la fameuse canonnade. Je ne me crois pas seule à la désirer.

(1) Mme Delaroche-Vernet quittait Gorges le 10 mai et allait rejoindre son mari à Versailles avec ses enfants.

Madame Delaroche-Vernet à Madame Talbot.

Versailles, 13 mai 1871.

J'ai fait un très bon voyage et je suis arrivée ici à six heures un quart (1). J'ai trouvé Philippe à la fenêtre m'attendant avec impatience parce qu'on avait eu l'esprit de lui raconter que les obus tombaient à Gennevilliers et avaient défoncé deux voitures! Cela se peut, mais ce n'est pas la mienne.

J'ai trouvé à Saint-Denis une calèche qui, pour le prix de l'omnibus, m'a chargée avec mes bonnes et mes bagages, plus un individu sur le siège, lequel a été arrêté à Bougival porteur d'affiches peu orthodoxes et de nombreux numéros du *Père Duchêne*. Ç'a été le grand épisode du voyage, comme tu peux le penser.

Nous avons entendu le canon toute la nuit.

(1) Dès son retour de Gorges à Versailles, Mme Delaroche-Vernet était allée le 11 mai près de ses parents à Paris. A son retour elle écrivait à Mme Lecoq : « Je sors du gouffre après y avoir été vingt-quatre heures, sans être le moins du monde asphyxiée. Je suis bien heureuse de mon expédition. On entre facilement dans Paris, on en sort non moins aisément. On touche à la fin : avant quarante-huit heures, peut-être, Paris sera pris c'est l'avis unanime. »

Madame Talbot à Madame Delaroche-Vernet.

Paris, dimanche 14 mai 1871.

Si tu étais venue quarante-huit heures plus tard, si tu étais venue à Paris hier, tu aurais vu notre quartier cerné à toutes les rues, et comme les gardes nationaux arrêtaient tous les hommes jeunes ou paraissant l'être, tu aurais trouvé un vrai désert. C'était la désolation partout. Je dois te dire que notre rue a été épargnée, je ne sais pourquoi, car tout autour on était arrêté. Le soir, à quatre heures et demie, on a surveillé la sortie du lycée. Les hommes pris ont été enfermés à Notre-Dame-de-Lorette. Quelques rues ont eu des visites domiciliaires. La concierge nous a dit que notre tour viendrait lundi. Ton père et Suzanne ont vu la couturière qui leur a dit qu'elle avait eu toutes les peines du monde à faire sauver un jeune homme de vingt ans dans le faubourg Saint-Germain.

Le Ve et le VIe arrondissement ont eu aussi leurs perquisitions très sérieuses et les hommes du cinquième ont été immédiatement incorporés. Depuis hier soir, le vent nous apporte le bruit du canon de manière à nous faire croire qu'on est déjà dans Paris. Malheureusement, quoique quelques obus tombent dans le haut du boulevard Malesherbes, l'entrée des troupes attendue si impatiemment ne s'effectue pas encore.

Que je te plains si tu n'as pas recommencé à lire les journaux, et si tu t'es privée volontairement de la connaissance de la séance du 10 dans tous ses détails! Tous ceux qui pouvaient trouver M. Thiers un peu vieilli ont dû être bien suffoqués de sa vigueur toute juvénile pour châtier ceux qui semblaient vouloir lui dicter sa conduite ou avaient l'apparence de la blâmer. L'apostrophe écrasante adressée à la droite a été bien dure, j'en conviens, mais comment a-t-elle pu chercher à ajouter à l'exaspération d'un homme auquel le dévouement à la patrie coûte si cher et est si peu apprécié! A son âge, on doit être bien affligé de voir détruire sa maison dans laquelle on retrouve mille souvenirs, et où l'on a réuni tant d'objets précieux!...

On dirait, en ce moment, qu'on tire le canon place du Havre...

Madame Talbot à Madame Delaroche-Vernet.

Paris, lundi matin 15 mai 1871.

Rien de nouveau; seulement le contentement causé par la proclamation de M. Thiers est changé en découragement. C'était beaucoup trop tôt annoncer l'entrée dans Paris. On a conçu des espérances de délivrance immédiate dont tu as vu les effets dans le mouvement et l'air de fête de Paris. On a provoqué aussi de la part de la Commune des mesures de sûreté désolantes pour les hommes en âge d'être requis et qui ne veulent pas marcher : les quartiers cernés, les visites domiciliaires qui amènent des arrestations et la nécessité absolue de se pourvoir d'une carte d'identité avec nom, profession, signalement. Le Comité de salut public ne décrète pas seulement comme la Commune, il exécute, et vite.

Les barricades se fortifient de toutes les manières; la proclamation aurait dû venir plus tard, car la carte d'identité est motivée, dit le comité, par la présence d'agents qui doivent reconnaître et réunir les partisans de l'armée de Versailles et du gouvernement auxquels M. Thiers fait appel.

Madame Delaroche-Vernet à Madame Talbot.

Versailles, 18 mai 1871.

On affiche ce matin sur les murs l'explosion de la poudrerie du Trocadéro; vous avez dû entendre un bruit infernal, mais n'avez-vous eu aucune secousse? Je voudrais en être sûre, et j'attends, avec la plus vive impatience, de vos nouvelles. Ici quelques personnes disent avoir entendu quelque chose; pour moi, j'étais seule, je lisais ou j'écrivais près de la fenêtre et je n'ai absolument rien entendu. Je voudrais bien avoir des détails. Qu'avez-vous pensé en entendant ce bruit?

Il y a huit jours que nous attendons l'entrée et rien n'avance assez; quel découragement cela cause!

Madame Talbot à Madame Delaroche-Vernet.

Paris, jeudi 18 mai 1871.

Depuis hier le canon est formidable. Il n'arrête pas depuis quatre ou cinq heures du matin. Nous n'espérons plus que c'est l'artillerie qui se rapproche, le vent seul aura changé.

On est vraiment ému en lisant les articles incendiaires des journaux de la Commune, dont les nôtres nous donnent des extraits. D'après eux on se demande ce qui restera de Paris.

Tout Paris a été hier dans une émotion indescriptible. Ton père et Suzanne venaient de me quitter pour faire quelques petites courses dans le quartier, entre autres au boulevard Malesherbes, lorsque après deux forts coups de canon des buttes Montmartre, une détonation formidable se fait entendre; le sol en est ébranlé. En une seconde toute la rue est pleine de monde criant, se sauvant. Te dire ce que j'ai éprouvé en entendant ce bruit épouvantable qui semblait venir de la place de la Concorde, c'est impossible. Je pensais que ton père et Suzanne devaient être à la Madeleine et je ne puis te dire les folles terreurs qui m'ont passé par la tête. J'ai mis vite un chapeau, un manteau et je suis allée sur la place de la Madeleine. Là, j'ai rencontré des gens qui venaient de la place de la Concorde et qui m'ont dit qu'il n'y avait rien, que c'était un fort qui venait de sauter. Je suis revenue à la maison et lorsque ton père est rentré avec ta sœur ils m'ont dit qu'il s'agissait de la cartoucherie qui est près du Champ de Mars qui avait sauté.

On vient de nous apporter le journal. Les détails sont affreux; mais tu les auras lus quand tu recevras cette lettre. Ton père et Suzanne qui sont allés près du pont de la Concorde trouvent qu'il n'y a rien d'exagéré dans le splendide tableau qu'on fait de l'incendie. Ils m'ont dit que ceux qui représentent une grande éruption du Vésuve peuvent seuls en donner l'idée.

Tu comprends qu'avec la disposition d'esprit du peuple de Paris, le bruit circule que c'est Versailles qui a fait mettre le feu. On ne voit partout que gendarmes et sergents de ville déguisés, aussi on fait des arrestations arbitraires qui viennent encore en augmenter le nombre déjà si grand.

Remacle (1) me disait hier que maintenant les voyageurs ont à subir la visite des sergents de ville avant d'arriver à Saint-Denis, qu'on lui a pris son passeport de la Commune, et comme on se plaignait tout haut des manières d'agir des sergents de ville, ils auraient répondu qu'on en verrait bien d'autres. Que je voudrais donc voir ces braves gens si terribles répandus en masse dans les rues de Paris!

En voyant la difficulté qu'on a à entrer et le temps qu'on laisse aux faiseurs de barricades, on

(1) Domestique belge de Mme Jackson, mère de Mme Adrien Michel. C'est lui qui allait à Saint-Denis chercher les lettres de la famille Talbot. (Voir p. 174, note 1.)

est bien préoccupé de savoir quand tout sera terminé.

Comme c'est l'Ascension, on ne porte pas de lettres à Saint-Denis aujourd'hui.

Nous comptions passer notre après-midi aux Tuileries; mais le jardin est fermé. Il y a concert au château, il paraît que les promeneurs gêneraient.

Nous sommes allés à l'Institut où nous avons trouvé Mme Lecomte plus impatiente encore que nous de l'entrée des troupes. Tu ne saurais te figurer comme il est urgent que cela finisse! Nous venons de voir deux affiches : une du Comité de salut public qui accuse le gouvernement de Versailles d'avoir fait mettre le feu à la cartoucherie et qui le voue à l'exécration des Parisiens; une autre de la mairie du VIIIe qui enjoint aux hommes de dix-neuf à quarante ans de se rendre immédiatement à la caserne de la Pépinière. Les réfractaires seront arrêtés par des bataillons d'un autre quartier et conduits devant la cour martiale pour être condamnés *à la peine de mort!*

On vient de demander à la Commune dans la séance d'hier de fusiller cinq otages pour une cantinière ou une ambulancière qui a été tuée, dit-on, par les Versaillais. Tout cela est effrayant!

Ta tante a dîné avec nous et, en nous quittant, nous nous sommes demandé si nous nous reverrions!

Le canon gronde tellement qu'il semble que ce doit être presque dans Paris. Il y a des moments où nous ne savons ce que va devenir notre quartier entre les buttes Montmartre, la place de la Concorde, la place Vendôme et le chemin de fer.

Nous nous en remettons à Dieu qui doit avoir décidé notre sort dans tout ceci.

Madame Delaroche-Vernet à Madame Talbot.

Versailles, 20 mai 1871.

Je suis bien ennuyée d'être sans nouvelles de vous depuis samedi; je sais bien que cette explosion ne peut vous avoir fait de mal, mais elle peut tout au moins vous avoir effrayés et émus et je voudrais bien une lettre. Il faut encore attendre jusqu'à ce soir, j'espère en avoir une alors.

Nous n'entendons plus le canon depuis trois jours; le vent a sans doute tourné, mais je ne puis te dire combien ce silence m'est désagréable. Est-ce là ce qu'on était en droit d'attendre! Les prisonniers arrivent chaque jour; j'en ai vu pas mal; c'est un bonheur de retirer ces faces-là de la circulation.

Si vous voulez lire quelque chose d'intéressant, prenez à la maison la revue du 15 et lisez-y un article de M. Sorel sur les questions prussiennes, il est très bien pensé, selon moi. Il vient en ce moment le soir nous lire ses compositions. Il y a même ce soir une seconde audition, en faveur de MM. de Gobineau et Lecoq, d'une nouvelle très étrange à la façon d'Edgar Poe, qui nous a beaucoup intéressés mercredi.

Il nous a annoncé l'arrestation de Rochefort. Dieu veuille que la nouvelle se confirme! Ce serait toujours un de moins et un des meneurs.

Il nous a dit, chose plus triste, qu'on allait mettre en vente dans certains arrondissements les meubles des appartements sans habitants! Cela nous donne fort à réfléchir. Je vous confie ce que vous pourriez sauver, dans le cas où la mesure gagnerait notre quartier, ce dont je veux encore douter.

Madame Talbot à Madame Delaroche-Vernet.

Paris, samedi 20 mai 1871.

Je t'ai écrit longuement hier; tu connais donc notre situation et notre disposition d'esprit; elles sont peu récréatives. Êtes-vous heureux de pouvoir vivre tranquilles !

La nouvelle de M. Sorel est-elle bucolique, pastorale? En 93 la littérature avait ce caractère. Comme à Paris nous sommes en plein 93, en pleine Terreur, je pense que les œuvres littéraires du moment doivent s'en ressentir.

Nous recommençons à faire des provisions pour quelques jours. Elles seront peut-être encore inutiles.

Pourvu que les Prussiens ne se mettent pas de la partie en nous bombardant! Ils pourraient, comme nous, trouver que la situation se prolonge terriblement!

Madame Delaroche-Vernet à Madame Talbot.

Versailles, 21 mai 1871.

Ta lettre de jeudi, que j'ai reçue hier soir, nous a désolés; je ne vous avais pas encore vus si découragés, si démoralisés. Je comprends bien que votre calme et votre énergie soient à bout, mais il ne vous en faut plus beaucoup à présent, ou, du moins, il vous en faut une forte dose pour peu de temps.

L'air jeune de papa peut lui causer quelques instants d'ennui, mais les preuves peuvent facilement s'obtenir; quant aux mines qui étaient mon grand sujet de crainte, tu vois que les forts d'Issy et de Vanves ne sont pas du tout minés, malgré les affirmations répétées à cet égard.

A présent que nous tenons Rochefort, sa tête nous répondra des otages! Je ne puis te dire le torrent de haine et de férocité que j'amasse en moi; hier, après avoir reçu ta lettre, il s'est fait jour. Nous étions Philippe et moi comme deux forcenés; mais aussi quelle honte! et où sommes-nous donc tombés!

J'ai rencontré Mme Hauréau. Elle a tout lieu de croire que leur maison est un monceau de ruines; mais elle affirme que tant de malheurs, de sang et de honte ne sont pas payer trop chèrement le bonheur d'être à jamais débarrassés de l'Empire! A jamais??? — Le contraire serait le comble de l'horreur, mais je vous assure que c'est possible!

M. de Gobineau vient ici tous les soirs, sauf exception; c'est un homme d'habitude et quand il sait un chemin, il ne l'oublie plus. M. Sorel continue à nous faire des lectures attachantes; ainsi se passent nos soirées.

Madame Talbot à Madame Delaroche-Vernet.

Paris, lundi 22 mai 1871.

Je veux t'écrire au bruit de la fusillade, bien que je sois un peu tremblante. Ce matin, à six heures, nous avons respiré : les troupes étaient entrées dans Paris! mais depuis, le canon, les mitrailleuses, la fusillade ne nous laissent pas un moment de répit. A huit heures l'incendie est venu s'ajouter encore à tant de causes d'émotions. On dit que c'est le marché Saint-Honoré qui brûle.

Nous sommes tout à fait au centre de l'action, ainsi que je le pensais, et c'est aux boulevards Haussmann et Malesherbes que les Versaillais sont arrêtés depuis huit heures du matin.

Notre rue a été occupée plusieurs fois par des communards. Les uns faisant ouvrir les portes à coups de crosse, menaçant de tirer ou de brûler si on n'ouvre pas (nous avons dû faire descendre la bonne pour engager le concierge à ouvrir); les autres criant pour qu'on ouvre les persiennes et menaçant toujours de tirer si on n'obéit pas immédiatement. Puis, ce sont deux blessés qu'on apporte et qui sont amenés chez un petit traiteur en face des Jackson. Notre voisin d'en face, médecin, il paraît, est appelé et bientôt après les deux hommes sont transportés dans sa maison; l'un a sa chemise pleine de sang, l'autre est couché sur un lit, pâle, mourant!

Nous avons depuis deux heures un marin qui tire continuellement, un coup à la minute, presque, dans la direction de la rue Neuve-des-Mathurins, pour atteindre le boulevard Malesherbes. C'est énervant.

Les balles sifflent sans interruption dans la rue Neuve-des-Mathurins. Nos derniers tirailleurs sont partis dans la direction de la rue Auber. Notre rue est à l'abri des balles; seulement, en cas d'échec, ce sont les hommes qui l'ont dit tout haut et nous avons pu l'entendre, ils veulent trouver dans nos maisons un abri contre les troupes.

Un chef vient de passer parlant de faire une barricade! Pourvu que ce ne soit pas au coin de notre rue et de la rue Neuve-des-Mathurins! Tu ne peux te faire une idée du bruit que nous entendons, et, cependant, notre rue est pleine de monde sur le pas des portes, aux fenêtres. A certains moments chacun disparaît pour revenir bientôt après. Nous faisons des vœux pour que notre quartier soit délivré avant la nuit.

Celle de samedi à dimanche avait été épouvantable; je m'étais levée plusieurs fois et le matin nous avions encore la déception d'une espérance trompée.

Mme Bonnet nous avait donné la bonne idée de nous réunir dans ton jardin, rue du Bac, puisque les Tuileries étaient prises par un concert; nous avons donc passé une journée tranquille et agréable et nous nous sommes couchés résolus à bien dormir. C'est ce que nous avons fait. A six heures, j'ai été réveillée par un brouhaha de conversations dans la rue; le canon se faisait à peine entendre. Je me lève, la rue était pleine de monde, les figures étaient rayonnantes, on s'abordait en se serrant la main, on était heureux.

A huit heures, les balles arrivaient au « Printemps ». La concierge a empêché ton père d'aller au collège, et depuis nous n'avons pas eu une seconde de répit.

Le docteur Axenfeld vient de passer en courant, venant de la rue Neuve-des-Mathurins; il s'essuie le front il est ému; on le serait à moins! Quelle terrible situation!

Le temps passe avec une rapidité effrayante. Il est bientôt cinq heures. Nous craignons la nuit. Le gaz est fermé.

Tout un bataillon entre dans notre rue; il y campe. On fait de nouveau ouvrir les persiennes, les boutiques. Les serruriers ouvrent les appartements vacants pour ouvrir les persiennes qui inquiètent les chefs.

Nous sommes tout émus. Ton père voudrait être

bien loin, nous aussi; mais heureusement nous rassurons ton père par notre calme. Il est effrayé pour nous des émotions qui nous sont encore réservées; mais on s'habitue à tout et le tir du bout de notre rue ne nous émeut plus.

Notre triste situation dure depuis bien longtemps, et, cependant, les heures passent comme des minutes.

Cinq heures et demie. — On dépave le haut de notre rue, on réquisitionne tous les tonneaux vides, un à nous entre autres, et les gardes nationaux font une barricade dans la rue Neuve-des-Mathurins en prolongeant notre rue.

Les balles qui sifflent les gênent beaucoup. On remplit les tonneaux de pavés. Je crois qu'ils font une autre barricade à la rue de Sèze. Le bataillon est dans notre rue, les hommes couchés par terre pendant que d'autres travaillent.

Il y a aussi une barricade à la rue Caumartin, près de l'épicerie Jacob. Tu ne peux te faire une idée de notre rue; les hommes travaillent à genoux, à plat ventre, pour poser les tonneaux, les pavés; les balles qui sifflent, les détonations des tirailleurs, c'est effrayant.

On apporte une femme âgée dans notre maison. Elle n'est pas blessée, mais elle s'est trouvée mal. Mais voici un pauvre blessé qu'on apporte dans la maison en face. Il semble bien bas! Un des blessés du matin est mort; je crains pour celui-ci le même sort, et combien en verrons-nous encore quand on prendra la barricade!

Le propriétaire d'en face, qui avait refusé longtemps d'ouvrir sa porte et avait fait une résistance un peu trop longue en paroles, a eu la bonne idée de recevoir les blessés et de faire de sa maison assez mal notée une ambulance. Je viens d'y envoyer un lit de sangle, un matelas et du linge.

Que verrons-nous avant la fin du jour? et la nuit?

Un membre de la Commune vient d'arriver ventre à terre, il a été acclamé par le bataillon. Tout cela nous laissera bien des souvenirs, mais je puis t'assurer que nous serions bien heureux d'être auprès de vous, auprès des chers petits. Espérons que nous les reverrons prochainement!

La barricade est terminée. La fusillade est assourdissante; les décharges se succèdent avec une telle rapidité que certainement il n'y a pas le temps de recharger son fusil. C'est un terrible voisinage, pour la nuit surtout. Cependant, il y a quelque chose qui me fait souffrir plus que tout, c'est l'incertitude de savoir ce qui arrivera lorsqu'ils seront battus. Pourvu qu'ils ne se réfugient pas dans nos maisons pour y attendre les troupes!

Nous n'avions pu déjeuner; mais nous avons dîné et avec assez bon appétit. La nuit arrive; cela me désole. Il me semble qu'on n'est pas plus avancé que ce matin.

A part une quarantaine d'hommes à la barricade, tout le bataillon a disparu, un à un, probablement dans les rues voisines.

Une autre barricade qu'on vient de finir au boulevard, devant la rue Godot, n'a qu'un factionnaire. Je crains une grande attaque et une grande résistance à la nuit. J'entends dire : « Demain ils seront à l'Hôtel de Ville. » Je voudrais bien être à demain!

Cependant, je peux le dire, nous sommes très vaillants, très courageux; mais l'ébranlement intérieur causé par le bruit de la fusillade pourrait dominer la résistance que nous opposons à notre émotion.

Voici la nuit arrivée tout à fait. On tire beaucoup moins; mais que va-t-il se passer pendant les six heures qu'il faut attendre pour revoir le jour? On vient de transporter la chaise longue dans la salle à manger pour que Suzanne s'y repose pendant que je m'étendrai sur son lit, et ton père sur le petit lit de fer. Nous préférons nous mettre dans les chambres sur la cour, espérant être là tout à fait à l'abri des balles.

Je t'écris dans ma chambre; mes rideaux sont baissés pour qu'on ne voie pas ma lumière, les persiennes étant ouvertes. La bonne reste dans l'appartement sur un fauteuil dans le second cabinet de ton père et nous allons tâcher de nous reposer un peu en attendant les événements. Fasse le ciel que notre maison ne soit pas envahie cette nuit!

Bonsoir. Je vous embrasse tous quatre tendrement. Je voudrais bien vous embrasser réellement.

Mardi, six heures. — Notre nuit s'est passée très tranquillement, ma chère enfant, pour la barricade. Je me suis levée plusieurs fois, et à quatre heures, j'ai constaté qu'elle était beaucoup plus haute et qu'on avait posé dessus un drapeau rouge.

On se bat à droite avec violence. Est-ce à la barricade de la rue Saint-Florentin ou de l'autre côté de l'eau?

Nous avons pu dormir un peu, mais tu peux te figurer notre sommeil agité! D'après les gestes et quelques mots des gardes nationaux, je pense que les troupes font un mouvement tournant. Depuis deux heures ils étaient assis adossés à leur barricade, mais ils viennent de se remettre à tirer. Cette journée va-t-elle changer notre situation? Il faut l'espérer.

Quel temps splendide! Nous sommes tout remis et tout habitués au bruit de la fusillade.

Nous venons de déjeuner pour nous remettre des émotions que nous ont causées une canonnade et une fusillade épouvantables du côté de la gare. Tu ne peux te faire une idée du sifflement des balles qui, en tombant sur les murs, sur les pavés, font un bruit semblable au renversement d'une voiture pleine de cailloux. Je t'assure qu'il faut du courage pour rester au milieu de toutes ces batailles effrayantes. Pourvu qu'aujourd'hui le mouvement des troupes soit assez avancé pour faire cesser notre situation bien triste !

Le 66e bataillon, qui campe dans notre rue, est très convenable. Ton père qui a causé avec quelques hommes est revenu tout content de leur bon esprit. Ils promettent qu'aucun désordre ne sera commis, qu'ils y mettent leur honneur et que, du reste, ils sont très heureux du bon accueil qu'on leur fait. La plupart, je crois, voudraient être bien loin.

Il est deux heures. Depuis une heure la fusillade est furieuse, surtout à la rue Caumartin. Nous étions déjà bien émus, quand on entend crier : « Le capitaine est mort ! du linge, de la charpie ! » Nous en faisions, Suzanne et moi, je l'ai jetée par la fenêtre avec du linge. Elle servira pour d'autres, malheureusement, car le capitaine est mort du coup qu'il a reçu dans la tête.

Voici six coups de canon qui viennent de s'ajouter à la fusillade ; nous passons dans la chambre de Suzanne, car quelques éclats d'ardoise viennent de passer près de nous. Les gardes nationaux ont abandonné leur barricade au bout de notre rue, probablement à cause du canon; leur aspect est morne, désolé. Nous voici encore dans l'attente du sauve-qui-peut.

Quand nous songeons que ce que nous voyons n'est qu'un petit épisode de tout ce qui se passe dans Paris, nous en sommes navrés, car ce seul petit coin est épouvantable !

Cinq heures. — C'est fini. Nous sommes délivrés, mais à quel prix ! Comment te dire notre joie, nos cris, nos terreurs, nos angoisses, notre désespoir, notre horreur !

Nous avons entendu le cri du sauve-qui-peut et nous avons vu les gardes nationaux fuir du côté du boulevard, criant : « Les voilà, sauvons-nous ! » Nous avons entendu les coups de fusil dans notre rue comme nous fermions nos fenêtres. Puis, quelques minutes après, j'en rouvrais une avec précaution et à gauche, par la rue Neuve-des-Mathurins, j'ai vu entrer dans notre rue l'officier de ligne suivi de ses soldats. C'était de la joie, du délire ! On pleurait, on applaudissait, on les assurait qu'il n'y avait pas de traîtres.

Cette grande joie a été troublée par les coups de fusil qu'on a tirés au bout de la rue, près du boulevard; mais te peindre notre désespoir, notre horreur, quand nous avons vu des soldats de la ligne ramenant un officier du bataillon qui avait été deux jours au milieu de nous, pour le fusiller !

C'était horrible et je me demande comment nous avons pu supporter de si terribles émotions!

Nous avons eu six hommes fusillés ainsi devant la maison de Mme Jackson; nous avons entendu cette horrible fusillade et maintenant, en ouvrant nos fenêtres, nous avons l'affreux spectacle de ces six cadavres.

Nous sommes encore dans la bataille, car la barricade de la rue de Sèze est difficile à prendre. On vient de nous faire fermer nos fenêtres tant que tout le quartier ne sera pas pris.

Montmartre, le chemin de fer, le Trocadéro sont au pouvoir des troupes; on nous assure aussi l'Hôtel de Ville. Pour les trois premiers, c'est un officier qui l'a dit à ton père; mais il ajoutait : « Nous avons encore la place de la Concorde et la place Vendôme! » J'espère que l'échec des premiers anéantira la défense et que tous les gardes nationaux se sauveront.

Ce qu'il y a de révoltant, c'est que tous ceux qui ont excité tant d'hommes à se battre ont probablement pu se sauver. On a dit à ton père que beaucoup de membres de la Commune étaient partis en ballon.

Un soldat de la ligne emmené par les insurgés est dans une maison voisine. Il a assuré qu'il n'avait pas tiré un coup de fusil. On lui a donné des habits pour le soustraire aux recherches. Ton père a donné un vêtement; nous sommes heureux de contribuer pour une petite part à sauver la vie de cet homme. Quel malheur que ce bataillon du 66e soit composé d'hommes honnêtes!

Nous avons grand besoin de repos après de si rudes assauts. Tâche de te procurer des matelas, n'importe quoi, des fauteuils, pour que nous puissions aller près de vous, calmer l'agitation nerveuse qui résulte de cette vie d'angoisses terminée d'une façon si émouvante.

Tous trois nous vous embrassons bien tendrement pour nous consoler de tous nos chagrins, de toutes nos souffrances.

Madame Delaroche-Vernet à Madame Gatineau.

Versailles, 23 mai 1871.

Les prisonniers passent sous nos fenêtres (1) par centaines, par milliers, c'est une vilaine vue; les femmes surtout sont ignobles.

Nous avons vu dimanche arriver Rochefort qu'on avait grand'peine à soustraire à la vengeance de la foule. Il n'avait pas l'air fendant, je vous assure! Pourvu qu'on ne soit pas trop clément! Ce

(1) M. et Mme Delaroche-Vernet habitaient rue de Satory.

qui me rassure, c'est que M. Thiers a contre lui la colère de sa maison démolie.

Il a déclaré hier dans les couloirs de la Chambre qu'il abdiquait le droit de grâce en faveur de l'Assemblée souveraine. C'est une sécurité pour la punition de ces horribles canailles.

Il paraît que le vocabulaire des dames devient très piquant depuis l'introduction du *Père Duchêne;* c'est du moins ce qu'on m'écrit de Paris.

J'en serai fort aise si je trouve là une occasion de plus de vouer plus énergiquement ces coquins à l'exécration générale...

Madame Delaroche-Vernet à Madame Talbot.

Versailles, 23 mai 1871.

Des prisonniers passent par centaines, par milliers. Ils sont mal accueillis, comme bien vous pensez, et les soldats ont fort à faire pour les garder de la multitude.

Les nouvelles qui nous arrivent font marcher les événements à pas de géant. La crise est bien dure, mais nous touchons au terme et c'est avec une impatience fiévreuse que nous l'attendons.

La défense de Montmartre me tourmente au

point de vue des obus; mais quand je pense au peu de mal relatif qu'ils faisaient pendant le siège, je me rassure un peu.

Que je voudrais donc avoir des nouvelles! et je suis presque sûre que cette lettre ne vous parviendra pas, ce qui m'ôte tout cœur à écrire.

Madame Delaroche-Vernet à Madame Talbot.

Versailles, 24 mai 1871.

Tu peux deviner avec quelle impatience j'attends de vos nouvelles. J'en suis très agitée. Les on dit de ce matin sont terribles : les Tuileries et le Louvre en feu! Hier soir tout ce que Philippe a appris chez M. Thiers est effrayant de vandalisme de la part de ces brigands. Quels monstres!

Madame Talbot à Madame Delaroche-Vernet.

Paris, mercredi 24 mai 1871.

Je t'ai expédié ce matin une longue lettre où chaque jour je t'ai dit tout ce qui nous arrivait, tout ce que nous éprouvions. Dans les grandes circonstances de ma vie, il me semble encore étrange que tu ne sois pas là pour partager nos joies comme nos chagrins. Les angoisses, les émotions ne nous ont pas été épargnées. Tu le verras en lisant ma lettre. En ce moment nous respirons, et bien que le canon se fasse encore entendre, il nous semble que nous sommes à l'abri de tout danger. Tant de malheurs ont passé sous nos yeux que nous en sommes tout abasourdis!

Comme je te le disais hier, nous partirons pour aller chez toi le plus tôt possible, demain si cela se peut.

C'est Émile Turcas (1), que nous avons vu ce matin à sept heures, qui s'est chargé de ma lettre.

Quand je songe que nous étions dans les heureux, je ne puis m'empêcher de frémir et je remercie Dieu de nous avoir épargnés.

- La rue Royale est presque détruite par l'incendie, du moins un grand nombre de maisons de chaque côté du faubourg Saint-Honoré. Les Finances brûlent. On dit qu'il ne reste que les quatre murs des Tuileries, et on ne sait encore, car la circulation est difficile, si on a pu préserver le Louvre. La Légion d'honneur est brûlée, le ministère de la guerre, la Caisse des dépôts et consi-

(1) Officier de l'armée de Versailles.

gnations, etc., etc. On dit le palais du Luxembourg détruit aussi, mais c'est si loin !

Ta tante ne s'était pas trompée en disant que les gens de la Commune brûleraient et incendieraient tout Paris.

On a fusillé un pompier qui, au lieu d'eau, jetait du pétrole ; une femme qui en versait aussi, deux enfants qui portaient des bouteilles de pétrole ont été arrêtés. On bouche les soupiraux dans toutes les maisons, tant on est inquiet de ce qui peut arriver.

Tu ne peux te faire une idée du ciel ce matin à cinq heures ; il était tout rouge et on voyait distinctement *de notre rue* quatre foyers d'incendie. Tu comprendras facilement que nous ayons besoin de respirer un autre air.

On dit la Bibliothèque brûlée. Espérons qu'on exagère le mal qui aurait pu être encore plus grand, car les fédérés comptaient sur huit jours de défense.

Madame Delaroche-Vernet à Madame Lecoq.

Versailles, vendredi 26 mai 1871.

Lorsque j'ai écrit mardi matin à ta mère, j'étais heureuse ; je sentais mes parents délivrés. Les proclamations annonçaient qu'on ne défendait pas les barricades élevées à la hâte dans les rues; l'ordre se rétablissait peu à peu... Hélas! il régnera, mais comme à Varsovie, sur un monceau de ruines et de cadavres!

Mardi soir, en rentrant à minuit de chez M. Thiers, Philippe m'a appris que la Cour des Comptes, les Tuileries, le Châtelet, étaient la proie des flammes. Mercredi matin tout brûlait de tous côtés, et tu peux deviner quelle journée j'ai passée en songeant à mes parents! Heureusement, à dix heures du soir, on m'a apporté une lettre de maman écrite à cinq heures le même jour. Tu devines notre bonheur : Ils sont sains et saufs! Cette lettre ne contenait pas de détails sur eux; mais m'annonçait l'incendie de toute la rue Royale, du ministère des Finances, la destruction d'une partie du Louvre (celle de la Bibliothèque).

Hier j'ai reçu cette grosse lettre que je vous envoie. Elle peint les émotions éprouvées par ces chers parents. M. de Gobineau a passé hier toute la journée à Paris. La rue du Bac est détruite en partie par ses deux bouts; le Petit Saint-Thomas, le Bon Marché sont en cendres. Aurons-nous échappé miraculeusement à l'incendie?

On fusille ici des femmes qu'on a saisies jetant du pétrole dans les caves; des enfants de huit ans tirent à bout portant sur des hommes; des mégères de dix-huit ans achèvent à coups de petits couteaux nos blessés! Voilà la civilisation, voilà le point où nous en sommes en plein dix-neuvième siècle!

Dans les rues de Paris les cadavres sont en tas. Ce sont presque tous des fusillés. Ici, nous ne savons que par récits toutes ces horreurs; mais nous voyons passer des hordes de prisonniers sous nos fenêtres; des femmes par centaines. Hier nous avons vu le peloton d'exécution, fusils chargés, précédé d'un tambour lugubre qui nous a oppressé le cœur. On allait exécuter cinquante des derniers arrivants, hommes et femmes; mais pour nous défendre de toute pitié, nous n'avions qu'à regarder le nuage de fumée au-dessus de Paris. Bercy brûlait hier ainsi que l'entrepôt du Jardin des Plantes. L'Hôtel de Ville est brûlé. Des papiers noircis, des feuillets du Grand-Livre, volent dans les alentours du ministère des finances. Les affaires étrangères sont à jour. Les otages ont été fusillés dès mercredi. Voici trois archevêques sur quatre qui meurent ainsi!

Mes parents vont arriver. Il paraît que les passes sont très difficiles à obtenir, mais nous les attendons quand même sous peu.

Au revoir; nous nous retrouverons dans notre cher Paris mutilé! Je voudrais bien y aller, je t'assure, et je le ferai dès que cela se pourra. Un moment j'ai cru que Philippe me permettrait de m'y rendre aujourd'hui même avec M. Sorel et M. Guillaume Guizot; mais il a bien vite saisi le prétexte que je me croiserais peut-être avec mes parents et m'a fait rester. Du reste, je comprends bien et je me soumets très facilement, sentant qu'il a raison.

Madame Delaroche-Vernet à Monsieur Talbot.

Versailles, 27 mai 1871.

Tout hier, Philippe a multiplié les recherches pour vous avoir ce qu'il vous faut. M. Lecoq nous a dit hier soir que la mesure était si sévère qu'un général de sa connaissance ne pouvait sortir de Paris. Depuis avant-hier on ne peut même plus y rentrer.

J'ai passé toute la journée de jeudi à la fenêtre, vous attendant; nous nous sommes procuré des lits de suite, avec mille peines, afin que tout vous soit préparé. Quel chagrin d'être si loin, étant si près! On dit que cette mesure ne va pas durer dans sa sévérité. Philippe va recommencer ses recherches ce matin et il te prie de voir M. Vrignault au ministère; peut-être pourra-t-il quelque chose. On a refusé une passe à une dame qui sait que son mari est blessé ici. Rien de plus triste que cette malheureuse consigne.

Je vous ai écrit par beaucoup d'occasions il y a quelques jours, maintenant il n'y en a plus.

M. Delaborde ne peut rentrer, même pour aller rejoindre son poste (1) ! Philippe part à la recherche d'une occasion, peut-être par les ambulances arriverons-nous jusqu'à vous !

(Ajouté par Monsieur Delaroche-Vernet.)

Allez voir à l'Élysée le comte de Romanet qui est à la tête des ambulances. Allez-y de ma part. Peut-être pourra-t-il vous aider à sortir de Paris (2).

Madame Talbot à Madame Delaroche-Vernet.

Paris, samedi 27 mai 1871.

Nous sommes brisés de corps, presque anéantis d'esprit. Cependant nous faisons tous nos efforts pour ne pas nous laisser abattre par la vue de tant de douleurs, de désastres, de ruines, de crimes !

Quand je t'ai écrit ma dernière lettre, nous

(1) Le comte Henri Delaborde, membre de l'Institut, était conservateur des estampes à la Bibliothèque nationale.

(2) C'est en effet par le service des ambulances que Monsieur, Madame Talbot et leur fille purent sortir de Paris et se rendre à Versailles auprès de M. et Mme Delaroche-Vernet.

éprouvions le bien-être de la délivrance que nous croyions complète, parce que, dans notre ignorance, nous prenions les obus qui sifflaient sur nos têtes pour des fusées qui devaient être des signaux. Cette tranquillité n'a pas duré longtemps ; en revenant de porter ma lettre, ton père a été arrêté, comme il allait rue Caumartin, par des personnes qui lui ont dit qu'un obus venait d'y tomber. Après notre dîner il y est retourné pour savoir si le canon avait fait quelques dégâts chez Mme Lenoir et il entrait dans la maison au bruit d'un obus qui éclatait et dont un débris est tombé dans la cour. Il l'a touché encore tout chaud. Ton père est revenu très ému, décidé à quitter la maison, ne voulant pas rester dans le quartier. J'ai tâché de le calmer, mais il n'y a pas eu moyen de le décider à nous laisser passer la nuit dans notre appartement. Il a voulu nous emmener chez vous. Malheureusement il était plus de huit heures !

Nous sommes partis emportant quelques papiers seulement. Il nous a fallu faire un grand détour par l'Élysée et l'avenue de Marigny. Aux Champs-Élysées quelle dévastation d'arbres, mais que c'était peu de chose à côté du reste !

En arrivant place de la Concorde, les Tuileries, le ministère des finances surtout, étaient en feu. La nuit était presque complète. Nous gagnons le pont de la Concorde où personne ne pouvait passer. Grâce à Suzanne et moi, le commandant nous accompagne quelques pas pour nous faire livrer passage. Quel spectacle! Nous en garderons toujours un terrible souvenir! Le ministère des finances, les Tuileries, le Palais de Justice, la Légion d'honneur, la Cour des Comptes, la Caisse des dépôts et consignations brûlaient et formaient d'immenses brasiers! Les canons qui tiraient sur l'Hôtel de Ville, et dont on voyait le feu, ajoutaient encore à l'horreur de ce spectacle.

Sans y songer, nous sommes restés quelques instants avec deux officiers à regarder, aussi sommes-nous rentrés à la nuit complètement noire dans la rue de Bourgogne. De là, jusque chez toi, nous avons été arrêtés à chaque pas; on nous empêchait d'avancer parce qu'on tirait des coups de fusil. On nous conseillait de longer les maisons; on tirait des fenêtres, on faisait des exécutions. On nous a recommandé de ne pas prendre les rues de Grenelle et Saint-Dominique. Nous sommes arrivés enfin à la rue du Bac soutenus par la nécessité d'atteindre notre but, n'ayant pas heureusement la possibilité de songer à tous nos dangers, occupés que nous étions de surmonter les difficultés pour arriver au but. Nous sommes bien plus émus en y songeant à présent.

Arrivés chez toi, la concierge nous dit que votre jardin est occupé par des gardes nationaux (*bons*), parce qu'on a tiré dans les jardins et que Louis a été prévenir au poste. Il était neuf heures et demie. Alors, nous nous sommes rendus chez les de la Berge où nous avons passé la nuit.

Le lendemain matin, on nous a empêché de rentrer dans notre quartier; mais dans l'après-midi nous avons été bien heureux de nous retrouver dans notre appartement. Un obus était tombé au numéro 18 de la rue Godot. Il en avait passé toute la nuit en très grand nombre sur nos maisons qui, à tous les étages, avaient des tas de sable.

Hier soir, à neuf heures, le ciel était tout en feu dans la rue Godot; on pouvait lire à la lueur de l'incendie. C'était les docks de la Villette qui brûlaient. Par les journaux tu dois connaître tous les désastres; mais ce qu'on ne peut raconter, ce qu'il faut voir pour le comprendre, c'est l'émotion, la crainte qui a envahi toute la ville. Partout on redoute l'incendie; on arrête, on fusille immédiatement des hommes, des femmes qui mettent le feu avec du pétrole; on bouche toutes les issues; on empêche de passer le long des maisons; on fouille surtout les femmes. Mme Dauban a été fouillée dans le faubourg Saint-Honoré.

La pauvre femme a passé deux jours terribles toute seule rue Garancière où l'on disait que l'on ferait sauter le Luxembourg. Tu dois comprendre son émotion quand les poudrières placées à l'extrémité du jardin ont sauté! Nous étions dans la rue d'Anjou et nous en avons été ébranlés.

Les monuments sont brûlés, beaucoup de quartiers aussi (si tu voyais la rue du Bac, du quai à la rue de Verneuil, et la rue Royale, surtout quand tout brûle encore!); si Paris n'a pas sauté, c'est qu'on est rentré vingt-quatre heures plus tôt que les insurgés ne le pensaient. On a pu arriver à temps pour sauver bien des monuments et détruire sous terre des moyens infaillibles pour anéantir tout Paris.

M. de la Berge est avec les gardes nationaux de son quartier (1). M. Durouchoux, dès lundi matin, avec sept ou huit hommes, dont probablement les deux messieurs Vrignault, a organisé la défense du quartier contre les insurgés très nombreux. Ils ont fait une barricade après s'être défendus sous les portes des maisons. C'est un dévouement d'autant plus grand que leur exemple n'a été suivi dans aucun quartier, et que, au bout de la journée, ils n'étaient, je crois, pas plus de six hommes. M. Durouchoux a été blessé griève-

(1) Comme il le disait lui-même, c'était seulement pour l'exemple que M. de la Berge était avec les gardes nationaux. D'une myopie extrême, il avait refusé de prendre un fusil et ne voulait même pas tirer le sabre qu'il portait à son côté « de peur de blesser sans le vouloir un garde national ».

Il resta sur la barricade avec M. Durouchoux qu'il reçut blessé dans ses bras.

ment à l'épaule (1). Le général de Cissey lui a envoyé la croix, elle est bien méritée.

Ce dévouement d'un homme de plus de soixante ans est admirable.

Madame Sédille à Madame Delaroche-Vernet.

Fontenay-le-Comte, 29 mai 1871.

Je suis épouvantée des crimes abominables de ces monstres qui ont tenu Paris si longtemps. Ces scélérats ont usé de tout : vols, meurtres ou incendies! Hier en lisant tous les détails, j'étais folle de désespoir. Ce matin une dépêche nous apprend l'assassinat d'un grand nombre de victimes parmi lesquelles l'archevêque de Paris, l'abbé Deguerry, M. Bonjean, etc., etc.

Quand donc, mon Dieu, viendrez-vous à notre secours et apaiserez-vous votre colère? Que de malheurs irréparables, quelle désolation! Je suis à regretter que les Prussiens ne soient pas entrés dans Paris; ils auraient fait moins de mal et nous aurions moins de honte. Je suis tourmentée de savoir si vous avez des nouvelles de votre maison.

(1) La blessure était malheureusement mortelle.

J'ai lu que la rue du Bac avait eu beaucoup à souffrir ; mais je crois que l'incendie n'a pas été beaucoup plus loin que le Petit Saint-Thomas.

J'espère que ces tourments et ces angoisses touchent à leur fin ; l'on ne tiendrait pas longtemps à de si grandes douleurs.

Monsieur Talbot à Madame Delaroche-Vernet.

Paris, 6 juin 1871.

J'ai flâné à travers toutes les ruines de Paris : c'est navrant, mais c'est sublime d'horreur. On croit rêver en voyant ces massifs calcinés et ces décombres dont quelques-uns fument encore. On ne peut se faire une idée de ce qu'est l'Hôtel de Ville, quand on ne l'a pas vu !

FIN

APPENDICE

Lettre dont parle Mme Talbot en écrivant à Mme Delaroche-Vernet le 24 août 1870 :

MADAME,

Son Altesse Royale madame la grande-duchesse de Bade me charge de vous adresser ces lignes pour vous donner des nouvelles de monsieur votre fils qui se trouve ici, à l'hôpital de la gare, mais qui, grâce à Dieu, n'est pas grièvement blessé. Du moins les médecins ne sont point inquiets pour lui, et nous promettent une guérison normale. Quand même il leur est difficile de fixer d'avance l'époque exacte de son rétablissement. De notre côté, nous tâcherons bien de lui procurer tous les soins que son état exige, et de lui faire oublier un peu la monotonie de son séjour à l'hôpital.

Madame la grande-duchesse est allée voir votre fils plusieurs fois déjà, et lui envoie la lecture qu'il désire; je puis vous assurer qu'il tient à cœur à Son Altesse Royale de le savoir bien soigné, étant mère comme vous, et comprenant tout ce que vous devez souffrir, sachant votre fils malade dans un pays étranger.

Du reste, M. Dauban a bon courage et me semble toujours être de bonne humeur. On voit, d'abord, que c'est un homme qui a une éducation soignée et qui a des ressources en lui-même. J'espère que lui aussi sera content de son entourage actuel et des soins qu'on lui donne, et que vous aurez la joie de le revoir, en quelques semaines, parfaitement rétabli.

La grande-duchesse espère que ces lignes pourront être de quelque consolation pour vous, madame, et voudrait vous rassurer entièrement sur l'état de santé de monsieur votre fils.

Agréez, je vous prie, l'expression de ma vive sympathie et de mes sentiments les plus distingués.

Amélie d'Ungern-Sternberg,
Dame d'honneur de Son Altesse Royale
la grande-duchesse de Bade, princesse de Prusse.

Château de Carlsruhe, ce 18 octobre 1870.

Peu après suivit la lettre ci-dessous :

Carlsruhe, grand-duché de Bade, 21 août 1870.

Madame,

Dans sa sollicitude pour ceux qui souffrent, madame la grande-duchesse de Bade vous faisait donner des nouvelles de la santé de monsieur votre fils, il y a quelques jours déjà.

Aujourd'hui Son Altesse Royale veut bien me confier le soin d'ajouter de nouveaux détails.

L'état de M. Dauban ne s'est pas encore amélioré comme cela serait si désirable. Et pourtant votre cher malade est entouré de tous les soins possibles.

Chaque jour madame la grande-duchesse, avec sa bienveillance accoutumée, vient elle-même s'assurer de ses yeux de l'etat du blessé, multiplie les recommandations au médecin et donne les preuves du plus touchant intérêt et de la plus délicate bonté.

Malgré tant de précautions et tant de prudents efforts, il est à craindre, madame, car je ne vous cache point la vérité, qu'une opération ne devienne nécessaire. S'il le faut absolument, on recourra, avec le consentement du blessé, qui est très courageux, à l'amputation du bras.

Soyez sûre, madame, que nous ferons tout pour remplacer auprès de monsieur votre fils ce qu'on ne peut jamais tout à fait remplacer : la vigilance maternelle.

Je ne tarderai certainement pas à envoyer un nouveau bulletin de la santé qui vous est si chère.

Veuillez agréer, madame, l'assurance de ma haute considération, avec l'expression de mes sentiments respectueux et dévoués.

Édouard HUMBERT.

L'opération eut lieu et le jeune Charles Dauban mourut le 20 novembre 1870.

Par une attention vraiment touchante envers une famille étrangère et qui lui était inconnue, la grande-duchesse de Bade fit écrire pendant plusieurs années à Mme Dauban une lettre de condoléances le jour anniversaire de la mort de son fils.

---

*
* *

Voici, précédées d'un commentaire extrait du *Courrier de la Gironde* du samedi 31 décembre 1870, les trois lettres dont parle Mme Delaroche-Vernet dans sa lettre à Mme Talbot écrite à la même date :

Au moment où la conférence de Londres va s'ouvrir, les esprits s'étaient justement inquiétés de l'incident de Duclair, bien fait pour compliquer les affaires et accroître les dissentiments. Si nous en croyons les documents qui nous parviennent, toute crainte à cet égard aurait disparu à la suite d'un échange, entre les parties intéressées, des notes qui nous sont communiquées et que nous croyons toutefois devoir publier sous toutes réserves.

Monsieur Odo Russel, envoyé britannique spécial, au comte de Bismarck.

Monsieur le Comte,

Je suis informé par mon gouvernement des mesures violentes dont plusieurs bâtiments de commerce, portant le pavillon britannique, ont été l'objet à Duclair. Ils ont été pillés par les troupes prussiennes, canonnés ensuite et coulés. Le second d'un de ces navires a été blessé. Les détails nous manquent sur cet événement inqualifiable; mais j'obéis aux instructions formelles de mon gouvernement en n'attendant pas davantage pour demander au gouvernement prussien des explications catégoriques sur cette violation flagrante du droit des gens de la neutralité.

Je saisis cette occasion, etc...

Odo Russel.

Versailles, le 25 décembre 1870.

Le comte de Bismarck à M. Odo Russel, envoyé britannique spécial, au quartier général à Versailles.

Versailles, le 26 décembre 1870.

Monsieur,

Au reçu de votre lettre en date d'hier, je me suis empressé de porter à la connaissance de Sa Majesté le Roi les observations que le gouvernement de Sa Majesté Britannique avait cru devoir nous adresser par votre intermédiaire, au sujet de l'incident de Duclair. Bien que la question soulevée par votre message soit entièrement diplomatique et ne paraisse pas rentrer dans l'ordre d'idée qui avait amené votre présence à Versailles, Sa Majesté le Roi a bien voulu m'autoriser à vous dire qu'elle avait ordonné de prendre à ce sujet les plus minutieuses informations.

Les rapports adressés à l'état-major me permettent de vous faire savoir que les renseignements sur lesquels le gouvernement britannique s'est appuyé sont tout à fait erronés et qu'aucune contestation sérieuse ne saurait être engagée à cet égard. Le fait de l'immersion par des armées en campagne de bâtiments de commerce portant pavillon neutre et destinés à barrer un fleuve ennemi en état de blocus, n'a jamais été envisagé par les juristes et se trouve, par conséquent, en dehors des règles tracées par le droit des gens. Il n'en serait pas moins regrettable que, par suite des opérations militaires, l'armée allemande ait été amenée à se servir, comme d'un moyen de défense, de bâtiments de commerce portant pavillon neutre, et nous serions, le cas échéant, disposés à nous prêter à une discussion sur la base d'une indemnité proportionnée ou d'explications dans la mesure des usages diplomatiques, si nous n'avions tout lieu de croire qu'aucun fait de cette nature ne s'est produit, ainsi que vous pourrez en juger par les extraits suivants du rapport militaire placé sous les yeux de Sa Majesté.

« La nécessité s'étant imposée à nous, par suite de la mesure intempestive de blocus prise par le gouvernement de la Défense nationale, de barrer le cours de la Seine à Duclair, et les bâtiments de commerce ennemis ayant été emmenés par les autorités, nous avons dû avoir recours à des bâtiments neutres. Un contrat loyalement débattu avec les capitaines de ces bâtiments nous a paru le meilleur moyen d'atteindre le but prescrit par l'état-major général et des pourparlers ont été engagés à cet effet sur la base d'une indemnité librement consentie avec le respect du pavillon neutre et la sauvegarde des marchandises. Les capitaines s'étant refusés à exécuter ce contrat, et leur refus ayant été considéré par nous comme une infraction à la neutralité, nous avons dû exécuter, en ce qui nous concernait, les conditions indiquées plus haut. C'est alors qu'un des matelots s'étant obstiné à rester à bord, a été légèrement atteint par l'effet d'un des projectiles destinés à l'immersion. »

Tels sont les faits que j'ai été amené par l'ordre exprès du roi à porter à votre connaissance. Vous pourrez les communiquer au gouvernement anglais, dans la limite tracée par votre mission, et vous exprimerez, j'aime à le croire, l'attente que ces explications suffiront à amener le cabinet de Londres à reconnaître que, loin d'avoir méconnu aucune des règles de la neutralité, nous en avons au contraire strictement maintenu l'exécution.

Recevez, etc...

BISMARCK.

Monsieur Odo Russel à Monsieur de Bismarck.

MONSIEUR LE COMTE,

J'ai reçu la lettre que Votre Excellence m'a fait l'honneur de m'adresser en réponse à celle que je lui avais écrite moi-même pour soumettre au gouvernement de Sa Majesté le roi Guillaume les observations du cabinet britannique relativement aux navires anglais coulés dans la Seine à Duclair. Je remercie Votre Excellence des détails qu'elle a pris la peine de me donner et qui, en me faisant connaître des particularités ignorées jusqu'ici du gouvernement de la Reine, expliquent des faits dont il ne faut pas que l'opinion publique exagère l'importance en les dénaturant.

Je m'empresserai de soumettre à mon gouvernement le récit officiel que vous m'avez fait tenir, et je ne doute pas qu'il n'accueille avec une satisfaction égale à la mienne des explications aussi loyales, et qui sont faites pour accroître les sentiments d'estime et de confiance dont sont mutuellement animés les gouvernements de Prusse et d'Angleterre.

Je saisis cette occasion pour vous renouveler l'assurance de la haute considération avec laquelle j'ai l'honneur d'être, Monsieur le comte, votre très humble et très obéissant serviteur.

ODO RUSSEL.

Versailles, 27 décembre 1870.

TABLE DES MATIÈRES

PARIS

TYPOGRAPHIE PLON-NOURRIT ET Cie

8, rue Garancière

A LA MÊME LIBRAIRIE

Le Maréchal Canrobert. *Souvenirs d'un siècle*, par Germain Bapst. Tome Ier. 8e édition. Un vol. in-8° avec un portrait en héliogravure . . . . 7 fr. 50

Tome II. *Napoléon III et sa cour. — La Guerre de Crimée.* 7e édit. Un vol. in-8° avec carte . . . . 7 fr. 50

Tome III. *Paris et la cour pendant le Congrès. — La Naissance du Prince impérial. — La Guerre d'Italie.* 6e édit. Un vol. in-8° avec cartes . . . . 7 fr. 50

Tome IV. *Les Souverains à Paris. — Les Fêtes des Tuileries. — La Guerre contre l'Allemagne* (1870). 5e édit. Un vol. in-8° avec cartes . . . . 7 fr. 50

Tome V. *En marche sur Verdun. La bataille de Rezonville.* 3e édit. Un vol. in-8° avec carte. . . . . 7 fr. 50

1870. La Perte de l'Alsace, par Ernest Picard, chef d'escadron d'artillerie breveté. 4e édition. Un vol. in-16. . . . 5 fr.

1870. La Guerre en Lorraine, par Ernest Picard, lieutenant-colonel d'artillerie breveté. Deux volumes in-16, avec cinq cartes . . . . 10 fr.

1870. Sedan, par le lieutenant-colonel Picard. 3e édition. Deux volumes in-16, avec six cartes . . . . 10 fr.

La Guerre 1870-1871, par Arthur Chuquet, professeur au Collège de France. 14e mille. Un vol. in-8° illustré. 3 fr. 50

Le Haut commandement des armées allemandes en 1870, par le lieutenant-colonel Rousset, ancien député, ancien professeur à l'École supérieure de guerre. Un vol. in-16. 3 fr. 50

Une Époque. **La Commune,** par Paul et Victor Margueritte. 61e édition. Un volume in-16 . . . . 3 fr. 50

La Guerre de 1870. *Causes et responsabilités*, par H. Welschinger. 5e édition. Deux vol. in-8° avec cartes et fac-similés. Prix . . . . 15 fr.

Mes Souvenirs. — **La Guerre contre l'Allemagne** (1870-1871), par le général baron Faverot de Kerbrech. 2e édit. Un vol. in-16. . . . . 3 fr. 50

Quarante-trois années de vie militaire, par le général Cuny. Préface de M. Gabriel Hanotaux, de l'Académie française. Un volume in-8° avec portrait. . . . . 5 fr.

La Deuxième Armée de la Loire, campagne de 1870-1871, par le général Chanzy. 11e édition. Un volume in-18. Prix . . . . 4 fr.

PARIS. — TYP. PLON-NOURRIT ET Cie, 8, RUE GARANCIÈRE. — 17630.